DE BOMEN

D1729690

Eerste druk   1953
Tweede druk   1975
Derde druk   1984
Vierde druk   1991

A. ALBERTS

DE BOMEN

Uitgeverij G.A. van Oorschot,
Amsterdam

Ter gedachtenis
van L. R. H. D.

DE BOMEN

Op een middag in October van het jaar 1917 hield
een rijtuig stil voor een huis in een van de buitenste
lanen van het dorp. De koetsier klom van de bok
en maakte het portier open. Er stapte een mevrouw
uit het rijtuig en een meisje van een jaar of tien.
Een gulden vijftig, zei de koetsier. De mevrouw
gaf hem twee gulden.
Moeder, U geeft hem twee gulden! riep het meisje.
Dat hoort zo, zei haar moeder.
Waar is de kleine jongen? vroeg de koetsier.
De mevrouw boog zich door het openstaande portier naar binnen. Ze zei: Kom Aartje. Ze stak haar
armen uit en tilde een kleine jongen uit het rijtuig.
Ze zette hem voor zich neer, trok zijn jasje recht
en zei: Kom, we zijn er.
De koetsier lichtte een koffer van de bok en volgde
de moeder met haar kinderen door de voortuin
naar de deur van het huis. Hij zette de koffer op
de stoep. Hij tikte tegen zijn hoed en ging weer
terug. Het jongetje keek hem na, terwijl de moeder
een sleutel uit haar tas haalde en de deur open-
maakte.
Zijn moeder ging met zijn zusje het huis binnen.
Ze zuchtte. Ze zei: Wat is het hier nog vochtig. Ze
ging de voorkamer in en weer uit. Ze liep door de
gang naar de keuken, achter in het huis. Al die tijd
stond het jongetje op de stoep. Hij keek het rijtuig
na, dat door de laan reed en achter de bomen ver-
dween. Hij hoorde roepen en even later kwam zijn

5

zusje naar buiten. Ze zei: Aartje, hoor je niet, dat moeder je roept! Je moet binnenkomen.

Ik kom toch al, zei het jongetje. Ik kom toch zeker al?

Ga maar met Fientje in de voorkamer, zei zijn moeder. Daar is de haard aan.

Hier is je stoeltje, Aart! riep zijn zusje. Je stoeltje staat al bij de haard. Het is zo'n koud huis, joh! Moeder zegt, dat het van de vocht komt. Moeder is met Marie in de keuken.

Aart zag, dat de theemuts ook in de nieuwe kamer was. Hij pakte hem van de tafel en zette hem op zijn hoofd en zo ging hij bij de haard zitten.

Jij weet lekker niet, wie Marie is, zei Fientje.

Nee, zei Aart. Hij voelde zich behaaglijk warm worden bij de haard en met de theemuts op zijn hoofd. Hij keek om zich heen om te zien, of er toevallig ook een van zijn boeken in de kamer lag.

Marie is ons nieuwe dienstmeisje, zei Fientje. Marie is in de plaats gekomen van Popkje. Popkje is weg en ze komt nooit meer terug.

Waar is het boek van het slingerjongetje? vroeg Aart.

'k Weet niet, zei Fientje. Zal ik je voorlezen, Aart?

Moeder! Moeder! Waar zijn de boeken?

Ze rende naar de keuken. Ze kwam even later terug, maakte een kast in de muur naast het buffet open en daar zag Aart zijn boeken op een plank liggen. Hij liep er niet heen, maar hij keek vol aandacht, hoe Fientje de boeken optilde en er een uitzocht, het boek van het slingerjongetje. Hij zat bij de haard. Hij keek in de roodverlichte micaruitjes

6

en hij hoorde zijn zusje voorlezen: Er was eens een arme houthakker, die met zijn vrouw en zes kinderen aan de rand van een groot bos woonde.

Zijn moeder kwam binnen, toen Klein Duimpje in de hoge boom was geklommen en uitkeek naar het lichtje. Aart's moeder kwam binnen met een blad met een theepot op een waxinelichtje. Achter haar kwam Marie met een blad met kopjes en schoteltjes.

Aart heeft altijd de theemuts op, zei zijn moeder tegen Marie.

Dag Aart, zei Marie.

Dag, zei Aart.

Laat mij de theemuts nu eens op, zei Fientje. Ze trok de muts van het hoofd van Aart en zette hem zelf op.

Zal ik een steek voor je maken, Aart? vroeg Marie. Ze nam een krant van het buffet. Ze vouwde en vouwde en daarna hield ze Aart een steek voor.

Aart zette de steek op zijn hoofd.

Dank je wel, Marie, zei zijn moeder.

Dank je wel, Marie, zei Aart. De steek zat koeler op zijn hoofd dan de wel wat warm wordende theemuts.

We mogen zo langzamerhand wel een lichtje maken, zei zijn moeder. Ze hield een brandende lucifer bij de lamp en het licht floepte aan.

Verder lezen, zei Aart.

Marie ging naar het theeblad en schonk in.

Aart krijgt ook een echt kopje thee! riep Fientje. Een echt kopje thee met veel melk. Ze knipoogde tegen Marie.

Verder lezen, zei Aart.
Moeder zal verder lezen, zei zijn moeder.

Ze gaan morgen allebei naar school, zei hun moeder. Ze stond met Fientje en Aart bij het hek en aan de andere kant van het hek stond de mevrouw van ernaast.
Aart gaat ook naar de grote school, zei Fientje.
Aart is ook al een grote jongen, zei de mevrouw van ernaast. Maar voor U zal het wel stilletjes worden, mevrouw.
Ja, zei hun moeder. Kom Fientje en Aart, zeg nu maar dag mevrouw.
Mag ik gaan spelen? vroeg Fientje.
Mogen we een eindje de laan in? vroeg Aart.
Niet te ver, zei hun moeder. Ze bleef nog even aan het hek staan om de kinderen na te zien. Ze zag ze steeds kleiner worden onder de hoge beuken van de laan.
We gaan tot aan het bos, zei Fientje.
Waar is het bos? vroeg Aart.
Verder, zei Fientje. Ik ben er gister met Marie geweest. We gaan er nu niet in, maar ik ben er gisteren met Marie helemaal door heen geweest. Marie woont achter het bos. Allemaal hoge bomen, joh, en zo donker! Ben je niet bang, Aart?
Nee, zei Aart.
Er woont niemand in het bos, zei Fientje. Helemaal niemand. Misschien zijn er wel kabouters.
Heb jij kabouters gezien, Fientje? vroeg Aart.
Kabouters kan je niet zien, zei Fientje. Kabouters zitten achter bomen.

Achter die boom? vroeg Aart en hij wees op de dikke stam van een beuk.

Ach nee, joh, dat is toch geen bos, zei Fientje. Het bos is allemaal bomen.

Voorbij het laatste huis was het bos. Een uitgedund dennenbos. Er kwam een man op een fiets uit. Hij riep in het voorbijrijden iets tegen de kinderen.

Die meneer zegt ons goedendag, zei Fientje. Hoor je wel, Aart?

Ze keken hem na.

Woont die meneer in het bos? vroeg Aart.

Er woont niemand in het bos, zei Fientje. Heb ik je toch al gezegd! Die meneer woont misschien achter het bos, net als Marie.

Hij is misschien de vader van het slingerjongetje, zei Aart. Misschien komen we bij het huis van het slingerjongetje.

We gaan niet verder, zei Fientje. We mogen niet zo ver van Moeder. We moeten weer naar huis. Kom, we moeten terug.

Ik wil zo graag een klein stukje het bos in, zei Aart. Eventjes maar.

Een heel klein stukje dan, zei Fientje. We moeten meteen weer terug.

De kinderen liepen het bos in over het pad, waarlangs de fietsende man was gekomen.

Zie je wel, Aart, zei Fientje. Allemaal bomen. Wat veel, hè? We zijn nu midden in het bos.

Kunnen we niet verdwalen, Fientje? vroeg Aart.

Nee, zei Fientje, maar we gaan nu terug.

Morgen gaan we naar het slingerjongetje zijn huis kijken, hè Fientje? zei Aart.

Morgen ga je naar school, zei Fientje.

Moeder, we zijn in het bos geweest! riep Aart, toen ze weer thuis waren.

Wat is dat voor een bos? vroeg zijn moeder aan Marie. Ik wist niet, dat het bos zo dichtbij was.

Ze zullen het kleine dennenbosje aan het eind van de laan bedoelen, zei Marie.

Het grote bos is toch veel verder? vroeg zijn moeder.

O jé, ja, mevrouw, zei Marie. Veel verder. Wel een uur lopen. O jé, het bos!

Maar we zijn echt in het bos geweest, zei Aart. Allemaal bomen.

Dat was het echte bos niet, zei zijn moeder. Het echte bos is veel groter.

Het echte bos is veel groter, zei Aart. Hij stond met Mientje, het zusje van Marie, voor het raam van Mientje's kamertje vlak onder het dak van Marie's huis. Het was Woensdagmiddag en Aart had met Marie mee mogen gaan om met Mientje te spelen, want Mientje zat op school naast Aart in dezelfde bank van de eerste rij. Marie zal je wel brengen, had zijn moeder gezegd en ze zal je straks voor donker weer komen halen. Je moet op Marie wachten, hoor! Je mag niet alleen naar huis.

Aart was met Marie door het dennenbosje gelopen en Aart had gezien, dat het een klein bos was. Er was niemand in geweest, ook geen slingerjongetje en geen huis van het slingerjongetje.

Het bos is daar, zei Mientje en ze wees in de verte.

Waar? vroeg Aart.

10

Daar, zei Mientje, daarginds.
Er reed een krakende kar vlak onder het raam door. Een kar met een paard er voor en een man er naast.
Wie is dat? vroeg Aart.
Dat is vader, zei Mientje.
Wat doet hij? vroeg Aart.
Bieten rijden, zei Mientje.
Waarom? vroeg Aart.
De bieten moeten van het land, zei Mientje.
Kinderen, jullie moeten naar beneden komen, riep Mientje's moeder. Het is daar boven veel te koud. Jullie moeten beneden in de kamer spelen of buiten, maar niet daarboven stil blijven zitten.
Ik wil bij de kar, zei Aart. Ze stommelden de trap af en liepen naar de kar, die bij de schuur stond. Mina's vader en moeder waren juist bezig het achterschot er uit te trekken. De bieten rolden over de grond, toen de kar werd leeggekiept.
Willen jullie meerijden naar het land? vroeg Mina's vader. Hij tilde de kinderen op de kar en de kar hobbelde het erf af, het land in. Aart kon net over de rand heenkijken.
Waar gaan we heen? riep hij naar de rug van Mientje's vader, maar die hoorde hem niet boven het gebots van de kar uit.
Waar gaan we heen? vroeg Aart aan Mientje.
Naar het knollenland toch zeker, zei Mientje.
Naar het groen groen knollenland, zei Aart. Hè Mientje, we gaan naar het groen groen groen groen knollenknollenland. Ze zongen het allebei, tot de kar stilstond en ze op de grond werden getild.

Is dit het land? vroeg Aart. Is dit allemaal het land? Hij keek over het land in de richting, vanwaar ze waren gekomen. Hij zag in de verte het huisje van Marie en het kleine dennenbos. Hij vroeg: Houdt het land nergens op?

Jawel, zei Mientje's vader. Daarginds bij het bos. Daar houdt het land op.

Het bos? riep Aart. Hij draaide zich om in de andere richting. Hij zag in de verte een donkere, onafgebroken rand van bomen.

Is dat het echte bos? vroeg hij.

Helemaal echt, zei Mientje's vader.

Allemaal bomen? vroeg Aart.

Allemaal bomen, lachte Mientje's vader.

Mogen we er heen? vroeg Aart.

Dat is veel te ver voor kleine jongens, zei Mientje's vader.

Dan gaan we met de wagen, zei Aart.

En de bieten dan? vroeg Mientje's vader. Moeten die arme bieten dan zo maar op het land blijven liggen? Dat kan toch niet?

Aart keek naar de knollen, die op hopen op het land lagen.

Hij zei: Nee, dit gaat niet.

Toen het voer opgeladen was, zette Mientje's vader de kinderen boven op de knollen. Rustig blijven zitten, hoor, zei hij. Anders trap je me er te veel stuk.

Dat is prachtig, zei Aart. Hij kon nu over alles heenkijken. Dat is prachtig, hè Mientje. Daar is het bos ook. Dag bos, dáág. Dag bomen. En zolang de rit duurde wuifde hij naar de donkere rand, die het bouwland afsloot: Dag bos, dag bomen!

Zeventig meter, zei oom Matthias. Wat een idioot getal. Enfin. Zeventig meter breed. En nu de diepte. Aart, hou vast. Hou goed vast.

Oom Matthias was de tuin aan het opmeten en Aart moest hem daarbij helpen. Oom Matthias had een touw met aan elk uiteinde een stokje gebonden en als hij een van de stokjes in de grond had geduwd, moest Aart het vasthouden, terwijl oom Matthias met het andere stokje vooruit liep. Het touw spande zich, Aart hield het stokje stevig in de grond gedrukt en riep: Ho! Dan duwde oom Matthias het andere stokje in de grond en riep: Ja! En dan holde Aart met zijn stokje naar oom Matthias en dan mocht hij het andere stokje weer vasthouden.

Tweehonderdvijf meter diep, zei oom Matthias. Wat een rare getallen. Zeventig bij tweehonderdvijf. Dat is goddorie nog bijna anderhalve hectare. Dat valt me mee.

Wat is een hectare, oom Matthias? vroeg Aart.

Een hectare is een hectare, zei oom Matthias.

Ze liepen door de achterdeur het huis in.

Och meneer, mijn keuken! riep Marie.

Aart, trek je schoenen uit! zei Oom Matthias. Hij trok de zijne ook uit en ze liepen onhoorbaar door de keuken en de gang naar de voorkamer.

Bijna anderhalve hectare, zei oom Matthias tegen Aart's moeder. Ik moet zeggen, dat ik de prijs dan

13

heel redelijk vind. Het huis ziet er ook goed uit.
Het is stevig. Het is ruim. Hoge kamers. Nee, alles
heel bevredigend.

Des te beter, zei Aart's moeder. Waarom loop je op
sokken?

We mochten de keuken niet door met onze mod-
derschoenen, zei oom Matthias.

Marie is erg precies, zei Aart's moeder. Enfin, beter dan andersom.

Wel zeker, zei oom Matthias.

Moeder, mag ik het huisje hebben? vroeg Aart.

Welk huisje? vroeg zijn moeder.

Het huisje achterin de tuin, zei Aart.

O, dat, zei zijn moeder.

Een alleraardigst huisje, zei oom Matthias. Een
miniatuur villa'tje. Rood en wit geschilderd. Klein
Kastanjehof. Het staat onder de kastanjebomen,
zie je. Wat wordt het anders al vroeg donker. O,
maar het loopt ook al tegen vijven.

Oom Matthias liep naar de kast en haalde er een
kruik en een glaasje uit.

Mag ik, moeder? vroeg Aart.

Wat? vroeg zijn moeder.

Het huisje, zei Aart.

Met Fientje samen, zei zijn moeder. Waar blijft
Fientje toch?

Mogen we er in wonen? vroeg Aart.

Van de zomer, zei zijn moeder. Het is nu te koud.

Als ik jarig ben? vroeg Aart.

Wanneer is Aart ook alweer jarig? vroeg oom
Matthias.

Half Mei, zei Aart's moeder.

14

Dan hebben we nog even de tijd, zei oom Matthias.

Blijf je eten? vroeg Aart's moeder.

Ja, dat is goed, zei oom Matthias.

Daar is Fientje, zei Aart's moeder.

Dag moeder, dag oom Matthias, dag Aart! riep Fientje. Daar ben ik weer.

Dat zien we, zei haar moeder. Waar kom je zo laat vandaan?

Gefietst met Rika, zei Fientje.

Wie is Rika? vroeg oom Matthias.

Meisje van mijn klas, zei Fientje. Zal ik U eens inschenken, oom Matthias?

Ja, doe dat maar, zei haar moeder. En ga dan je huiswerk maken in de andere kamer. We eten om zes uur.

Ze liep zelf naar de keuken en oom Matthias en Aart bleven samen achter. Ze zaten elk in een diepe leunstoel bij het raam.

Oom Matthias? vroeg Aart. Denkt U, dat er reuzen in het bos kunnen wonen?

Oom Matthias dronk zijn tweede glas jenever in één slok half leeg. Hij schudde de kruik heen en weer. De kruik was nog minstens half vol. Oom Matthias liet zich behaaglijk achterover in zijn stoel zakken. Hij voelde zich volkomen bereid om een gesprek over reuzen in het bos te beginnen.

Misschien wel, zei hij. Als ik een reus was, zou ik zeker in het bos gaan wonen.

Maar U bent geen reus, oom Matthias, zei Aart. Reuzen zijn veel groter. Ze zijn wel zo groot als ons huis. Daarom denk ik, dat ze in het bos wonen.

De bomen zijn nog groter dan ons huis.

Dan vallen de reuzen niet zo op, wil je zeggen, zei oom Matthias. Daar zit wat in.

Ik denk, dat de bomen misschien familie van de reuzen zijn, zei Aart. De bomen wonen toch ook in het bos?

De bomen wonen in het bos, zei oom Matthias langzaam. Wat een eigenaardige gedachte. Hij dronk zijn glas leeg en schonk het weer vol.

Misschien zijn de bomen ook wel reuzen, zei Aart.

De bomen reuzen? zei oom Matthias. Maar natuurlijk, dat is het. De bomen zijn reuzen. Dat we daar nooit eerder aan hebben gedacht. Dat praat maar over reuzen, die we nooit te zien krijgen en niemand, die er ooit aan heeft gedacht om de bomen eens goed aan te kijken.

Maar de reus van het slingerjongetje is helemaal geen boom, zei Aart. Dat is een reus met zevenmijlslaarzen aan.

Ik heb inderdaad nog nooit een boom met zevenmijlslaarzen aan gezien, zei oom Matthias. Bàh! wat is het hier koud. Wat is het hier vervloekt koud. Laten we bij de haard gaan zitten, Aart.

Het huis is nieuw, zei Aart. Moeder zegt, dat het daarom zo koud is. Hij liep langs het buffet, haalde de theemuts er af en zette hem op zijn hoofd. Oom Matthias schoof een stoel dicht bij de haard en zette de kruik en het glaasje naast zich op de grond.

Oom Matthias, zei Aart zacht. Zou U wel een boom willen zijn?

Oom Matthias gaf geen antwoord. Oom Matthias zat strak naar de verlichte micaruitjes van de

16

haard te kijken. De kamer achter hen werd steeds donkerder. Aart hoorde van tijd tot tijd gerammel in de keuken, daar zou het wel licht zijn, maar de kamer werd steeds donkerder.

Aart is overmorgen jarig, zei Fientje tegen de mevrouw, die naast hen woonde. Fientje was uit school gekomen en langs het huis van de mevrouw gelopen en de mevrouw had haar van achter het raam toegewenkt en op een koekjestrommeltje geklopt. Fientje was naar binnen gegaan en ze had twee koekjes gekregen en een kopje thee en ze had moeten vertellen, hoe ze het op school vond. Of ze goed kon leren had de mevrouw gevraagd, of het voor moeder niet erg stilletjes was en toen had Fientje verteld van Aart's verjaardag.

Er komen een heleboel mensen, zei Fientje. Al mijn ooms en tantes komen. En al mijn neefjes en nichtjes. Mijn oom Jean komt met een auto en mijn oom Hubert ook.

Zo, zo, zei de mevrouw, nou nou.

Mijn oom Jean brengt mijn nichtje Elaine mee, zei Fientje. Mijn nichtje Elaine is heel knap. Ze is al dertien jaar en ze kent Frans.

En hoe oud wordt Aart? vroeg de mevrouw.

Zeven jaar, zei Fientje. Ik ben al elf.

Jij bent al een grote meid, zei de mevrouw. Je bent zeker al een hele steun voor je moeder.

O, jé, zei Fientje.

En je hebt zeker veel vriendinnetjes, zei de mevrouw.

O, jé, zei Fientje.

Toen ze thuis kwam, riep Fientje: Moeder, ik heb thee gedronken bij de mevrouw van hiernaast. Ze heeft gevraagd of ik goed kon leren en of ik al een hele steun voor U ben.

Dat mens, zei haar moeder.

Moeder, hoe laat komen ze Zondag allemaal? vroeg Fientje.

Na de koffie, zei haar moeder.

En komt Elaine ook mee? vroeg Fientje.

Ja natuurlijk, zei haar moeder. Als oom Jean en tante Dora komen, dan komt Elaine ook mee.

Zalig, zei Fientje, zalig, dat Elaine komt. Maar Aart is jarig, hè Aart? Aart mag zeggen, wat we gaan doen. Zullen we spelletjes gaan doen, Aart?

Ja, zei Aart.

Zullen we nog even naar het bos gaan, Aart? vroeg Fientje. Moeder, mogen Aart en ik nog even naar het bos?

Veel te ver, zei hun moeder.

Maar het is pas na het eten donker, riep Fientje. Mag Aart niet achterop de fiets?

Veel te gevaarlijk, zei hun moeder. Vraag maar of Marie Aart achterop neemt. Marie moet toch even naar huis.

Wil je met Marie en mij mee, Aart? vroeg Fientje.

Goed, zei Aart.

Toen ze bij het bos waren gekomen, tilde Marie Aart van de bagagedrager. Ik zal jullie straks hier komen halen, zei ze. Jullie mogen niet van de weg afgaan, anders kan ik jullie niet meer vinden.

Je hoeft ons niet te komen halen, zei Fientje. We kunnen wel naar jouw huis lopen, hè Aart?

Ja, zei Aart. We kunnen best naar het huis van Marie lopen.

19

Ze bleven staan kijken, tot Marie was weggefietst.
Zal ik eens tot de eerste bocht fietsen? vroeg
Fientje. Dan moet jij hier blijven wachten.
Goed, zei Aart.
Ga dan maar op die omgehakte boom zitten, zei
Fientje.
Langs de weg lag de stam van een omgehakte
boom. Het was een dikke boom geweest. Toen Aart
er op ging zitten raakten zijn voeten de grond niet
meer. Hij keek om zich heen. Fientje was de weg
afgefietst en voorbij de bocht verdwenen en Aart
zag niets anders om zich heen dan de bomen.
Fientje kwam niet terug. Ze wilde zeker nog ver-
der dan de bocht gaan.
Aart keek achterom. Hij zag, dat er een pad tussen
de bomen liep. Hij klom van zijn boom af en liep
het pad een eindje langs. Hij stond stil bij een boom.
Hij keek om zich heen. Er was niemand. Toen
duwde hij tegen de boom, de boom bewoog niet.
Hij hoorde Fientje roepen. Hij gaf geen antwoord.
Hij zag, dat Fientje zijn pad infietste en hij ging
achter de boom staan. Fientje bleef roepen: Aart?
Aart? Aart bleef achter de boom staan tot ze voorbij was. Fientje keek om en zag hem staan. Ze riep:
Aart! waarom geef je geen antwoord? Je hoort
toch wel, dat ik je roep?
Ik ben een boom, Fientje, zei Aart. Zie je niet, dat
ik een boom ben?
Je bent stout, zei Fientje. Je mag niet van de weg
afgaan, dat weet je toch wel?
Dit is toch ook een weg, Fientje? zei Aart. Een weg
van het bos. We zijn nu midden in het bos.

We moeten terug, zei Fientje. We moeten naar het huis van Marie.

Ze liepen het pad af.

Het is net, of de bomen met ons meelopen, zei Aart. Zie je wel, Fientje? En nu blijven ze staan, zei hij even later. Toen we in het bos waren, liepen ze mee en nu zijn we het bos uit en nu blijven ze staan. Ze kijken ons na, zie je wel, Fientje? Ze blijven staan en ze kijken ons na.

Bomen blijven altijd staan, zei Fientje. Bomen blijven staan, tot ze omvallen.

De Zondag van Aart's verjaardag kwamen de eerste gasten om half twee. Het waren oom Rob en tante Wies met hun zes kinderen en oom Matthias. Oom Matthias kwam alleen. Om kwart over twee waren ze er allemaal. Oom Jean en tante Dora met Elaine en oom Hubert en tante Minnie met Dicky en Willetje.

Al die verdomde kinderen, mopperde oom Matthias.

Vent, ga zelf ook trouwen! riep tante Minnie.

Hoeveel zijn er eigenlijk? vroeg oom Rob.

O, jij spant de kroon, hoor, zei oom Matthias.

Hoeveel kinderen zijn er, Aart? vroeg tante Dora.

Negen, zei Aart.

Elf, domme jongen, riep Fientje.

Het zijn er negen, zei Aart. Negen vreemde kinderen.

De jongen heeft nog gelijk ook, zei tante Minnie lachend. Al die vreemde snoeshanen, hè Aart? Wat doen ze hier eigenlijk.

Het zijn geen vreemde snoeshanen! riep Fientje verontwaardigd. Hè Elaine?

Jullie moeten allemaal samen gaan spelen, zei Aart's moeder. Gaan jullie maar in de tuin. Aart, jij moet ook mee.

Vooruit, jarige, zei oom Matthias, kwijt je van je plichten.

Vooruit, kinderen, zei oom Rob tegen zijn kinderen, gaan jullie ook mee?

Elaine weet een Frans spelletje! riep Fientje. Hè, Elaine?

De zes kinderen van oom Rob gingen gehoorzaam de tuin in. De anderen volgden.

Nu gaan we een spelletje doen! riep Fientje. Vooruit! We gaan het spelletje van Elaine doen. Vooruit!

Wat moeten we dan doen? vroeg Maria. Wat is dat voor een spelletje?

Maria was het oudste van de zes kinderen van oom Rob. Ze was nog een half jaar ouder dan Elaine, maar ze kende geen Frans.

Jullie moeten allemaal in een kring gaan staan, zei Elaine. En een in het midden. En dan zal ik een liedje zingen.

Een Frans liedje! riep Fientje.

Ja, goed, zei Maria, maar wat moeten we doen?

Jullie moeten allemaal weglopen, als het liedje uit is, zei Elaine en die in het midden staat, moet ons pakken.

Dat wil ik dan wel spelen, zei Maria.

Ik vind er niks aan! riep Dicky. Laten we verstoppertje gaan spelen.

Aart mag het zeggen! riep Fientje. Aart is jarig.
Aart, wil jij het spelletje van Elaine spelen?
Ja, zei Aart. Ik wil in het midden.
Horen jullie het! riep Fientje. Aart wil het spel-
letje van Elaine spelen. Aart wil in de kring. Voor-
uit! allemaal in een kring!
De kinderen gingen in een kring staan, Aart in het
midden en Elaine begon te zingen:

> Mon bon Guillaume as-tu bien déjeuné?
> Mais oui madame, j'ai mangé du pâté,
> Du pâté d'alouette,
> Guillaume et Guillaumette
> Un, deux, trois
> Et Guillaume restera.

Nu weglopen, hè Elaine? riep Fientje.
Ja, zei Elaine.
Nu weglopen! riep Fientje.
Een paar kinderen liepen weg. Aart bleef stokstijf
op zijn plaats staan.
Je moet ons pakken, Aart! riep Fientje.
Aart deed twee stijve stapjes in de richting van een
van zijn kleinste nichtjes. Hij gaf het kind een
klopje op het hoofd en zei: Tik.
Jullie lopen niet weg! zei Fientje.
Laten we nou verstoppertje gaan spelen! riep
Dicky.
Vooruit jongens, gaan jullie maar liever verstop-
pertje spelen, zei oom Matthias, die naar het spel-
letje had staan kijken.
Ik zal hem zijn! riep Dicky. Hij ging tegen een
boom staan met zijn hoofd tegen zijn arm en begon

23

te tellen. De kinderen liepen ditmaal allemaal weg. Aart ook. Aart liep, zo hard hij kon, naar het kleine tuinhuisje achter de kastanjebomen. Toen hij er voor stond, keek hij om zich heen, om te zien, of de anderen zijn kant op kwamen. Hij zag twee kinderen van oom Rob, die achter een heester hurkten. Hij zag Fientje, die Elaine meetrok, naar de andere hoek van de tuin hollen. Hij hoorde, dat Dicky riep: Ik kóóóm! en dat een paar kinderen terugriepen: Nog niet!

Hij deed de deur van het huisje open, stapte naar binnen, deed de deur weer dicht en schoof de knip er voor. Hij kroop in een hoek bij het raampje. Hij lichtte voorzichtig het gordijntje een eindje op. Hij zag Dicky heen en weer lopen bij de verlof-plaats. Hij hoorde roepen. Er was er een gevonden. Hij liet het gordijntje vallen en ging in de hoek zitten. Hij hoorde meer namen roepen. Hij ver-roerde zich niet. Hij hoorde eindelijk roepen: Aart is er nog niet! Hij hoorde stappen vlak bij het huisje. Hij hoorde ineens heel hard roepen: Aart! waar zit je! Hij hoorde roepen: Blijf zitten, waar je zit en verroer je niet! Hij hoorde, dat er aan de deur werd getrokken. Hij hoorde roepen: De deur is op slot! Hij hoorde Fientje roepen: Aart zit je in het huisje?

Ja, zei Aart.

Kom er dan uit! riep Fientje.

Aart stond op, schoof de knip van de deur en deed hem open. Hij knipperde met zijn ogen tegen het licht. Hij zag alle kinderen bij elkaar staan voor het huisje. Aart stond op de bovenste tree van het trapje en de kinderen stonden allemaal naar hem te kijken.

Fientje zei: Vooruit! Maria is hem. En we gaan ons niet meer verstoppen in het huisje. Hoor Aart! je mag je niet meer in het huisje verstoppen.

Nee, zei Aart.

Om half vier werden ze binnengeroepen voor taartjes en limonade in de tuinkamer. De ooms en tantes zaten in de voorkamer en oom Matthias schoof de tussendeuren open en riep, dat de kinderen moesten gaan touwtrekken.

Jouw kinderen tegen de rest, Rob! riep hij.

Willen jullie dat, jongens? vroeg oom Rob aan zijn kinderen. Goed, vader, zei Maria.

Vooruit, allemaal naar buiten! riep oom Matthias. Hij liep zelf naar de schuur, haalde er een touw en liep er mee naar het grasveld. De partijen werden opgesteld en het trekken begon.

Ik wed op de gemengde ploeg! riep oom Matthias. Rob, durf je een kistje sigaren op je kinderen te zetten? Een kist van vijftig?

Aangenomen! riep oom Rob. Vooruit Maria! vooruit kinderen! doe je best!

De zes kinderen van oom Rob wonnen langzaam terrein.

Vooruit Dicky! schreeuwde oom Matthias, laat me niet in de steek, jongen!

Haha, goed zo jongens! riep oom Rob. Winnen jullie vader's sigaren maar.

Aart! Aart! schreeuwde oom Matthias, hou ze tegen! Ha, kijk die Aart trekken. Die jongen staat als een boom.

Aart had het touw tweemaal om zijn rechterhand geslagen. Hij trok wanhopig om op zijn plaats te blijven. Hij was vuurrood van inspanning en het touw sneed in zijn handen, maar hij liet zich niet verder meeslepen.

Laat ze nu maar ophouden, riep tante Minnie.

Oom Matthias en oom Rob sprongen bijna gelijktijdig naar voren, ieder naar zijn eigen partij en na een kort en hevig gevecht trok oom Matthias oom Rob met al zijn kinderen over de streep. Aart rolde hierbij van de been. Hij stond op en liep hijgend op oom Matthias toe.

Daar hebben we de overwinnaar! riep oom Matthias. De lucht in met de jarige overwinnaar!

Hij tilde Aart op zijn schouders, droeg hem het huis binnen en zette hem hoog boven op de kast in de voorkamer. De kamer was vol mensen. Aart zag alle ooms, tantes, neefjes en nichtjes door elkaar lopen. Hij zag, hoe oom Matthias flessen en glazen uit de andere kast haalde. De kinderen dwaalden weer naar de tuin.

Blijft Aart op de kast zitten? vroeg tante Minnie.

Ja, zei Aart.

Hij kan er toch niet afvallen? vroeg zijn moeder.

Nee, zei Aart. Hij bleef vanaf zijn hoge zitplaats op de mensen neerkijken. Hij zag oom Matthias de glazen volschenken. Kijk dat kereltje daar toch zitten, hoorde hij tante Minnie zeggen. Oom Matthias zat met oom Jean en oom Hubert te praten. De anderen praatten allemaal met elkaar. Hij hoorde Fientje in de tuin schreeuwen. Hij vond zich zelf toch wel echt jarig.

Na het eten boden oom Hubert en oom Jean aan om met alle kinderen een klein ritje in hun auto's te maken. Aart mocht naast oom Jean zitten en Fientje ging naast Aart zitten. Fientje voelde zich door Elaine in de steek gelaten. Elaine was aan tafel naast Maria gaan zitten en ze was met Maria in de auto van oom Hubert gestapt.

Wij samen op de voorbank, hè Aart, zei Fientje. Dan kan je alles goed zien. Wat een mooie auto, hè Aart. Veel mooier dan de auto van oom Hubert. Waar gaan we naar toe, oom Jean? Gaan we naar het bos? Zullen we naar het bos gaan, Aart?

Goed, zei Aart.

De laan uit, oom Jean, zei Fientje, en dan rechtsaf, dan zijn we er zo. Wat gaat het lekker hard, hè Aart. Kijk, daar is het kleine bosje al. Kijk, daar loopt de vader van Marie.

Waar? vroeg Aart.

Daar, kijk! We zijn hem al voorbij. Je kunt in de verte het bos al zien. Daar in de verte is het bos, oom Jean.

Dat donkere zijn allemaal bomen, oom Jean, zei Aart. Allemaal hoge bomen.

Fientje keek achterom. De anderen kunnen ons lekker niet inhalen, zei ze. Ze reden het bos binnen. Daar zijn de bomen, oom Jean! riep Aart. Ze rijden met ons mee, ziet U wel. Ze hebben op ons staan wachten en nu rijden ze met ons mee.

Ach wel nee, domme jongen! riep Fientje.

Aart heeft gelijk, zei oom Jean. Het lijkt net of ze met ons meerijden. En nu gaan we even op de anderen wachten.

Hij liet de auto stilhouden aan de kant van de weg. De auto van oom Hubert stopte achter hen en alle kinderen sprongen naar buiten.
Wat zullen we spelen? riep Fientje.
Niet te lang, jongens, zei oom Hubert.
Aart mag het zeggen! riep Fientje. Aart is nog altijd jarig. Wat zullen we spelen, Aart?
Het spelletje van Elaine, zei Aart. Hè Elaine, het spelletje van het liedje en Dicky moet in het midden staan. De kinderen gingen in een kring staan, Fientje naast Elaine en Dicky in het midden. Elaine begon te zingen: Mon bon Guillaume as-tu bien déjeuné. De twee ooms stonden bij de auto's en rookten een sigaar en keken naar de avondlucht.

Het drijvertje in het glas op het nachtkastje brandde nog en daardoor kon Aart de bomen om zijn bed zien staan. Ze stonden er in een kring omheen op de rand van de lichtvlek van het lampje. Er was geen geluid, maar Aart meende toch, dat de bomen mompelden, terwijl ze zich naar elkaar overbogen. Aart dacht, dat ze het misschien koud hadden. Hij zei: Het huis is vochtig.
De bomen knikten ernstig.
Aart zei: Het huis is nieuw.
De bomen mompelden.
Aart dacht: Misschien zijn ze gekomen om me mee te nemen naar het bos. Hij vroeg: Zijn jullie het bos?
De bomen bewogen zich onrustig.
Aart dacht: Misschien zijn ze gekomen om de

wacht te houden. Hij vroeg: zijn jullie wachters?
De bomen knikten.
Aart zag, dat de bomen in twee rijen waren gaan staan. Hij dacht: Er is een opening in het bos. Er is een pad tussen de bomen.
Aart liep langs het pad en de bomen stonden aan weerskanten. Ze mompelden niet meer en ze bewogen ook niet. Ze waren doodstil. Aart kon de takken niet zien. Die waren in de donkerte boven hem. Maar hij zag de stammen en de stammen hadden soms gezichten.
Aart dacht, dat hij aan het einde van het pad een licht zag en het licht was soms weer weg. Hij kwam op een donkere plek in het bos. De bomen waren niet meer te zien.
De donkere plek werd een lichte plek en in de lichte plek stond zijn bed en het glas met het drijvertje op het nachtkastje en de bomen stonden weer aan alle kanten om zijn bed heen en ze bewogen zich weer en ze mompelden weer.
Ben ik nu in het bos? vroeg Aart.
De bomen mompelden.
Aart voelde aan zijn voeten, dat hij over bladeren en dennenaalden liep. Het was net een loper, een zachte loper. De bomen stonden weer in een dubbele rij en er was weer een pad en een lichtje in de verte.
Hij hoorde stemmen. Het werd ineens heel licht. Hij hoorde zijn moeder roepen: Aartje! jongetje! Hij hoorde een andere stem vragen: Wat doe je op de trap, kereltje? Hij voelde, dat hij werd opge-

nomen. Hij hoorde vragen: Je weet toch wel, waar je bent? Hij gaf antwoord. Hij zei: Ik ben in het bos, oom Matthias. Hij zag, dat het licht in het portaal brandde. Hij zat op de arm van oom Matthias en zijn moeder was naast hem. Hij zag, dat de bomen nog altijd in een wijde kring om hem heen stonden.

Blijf jij maar een uurtje langer slapen, zei zijn moeder de volgende dag. Je hoeft vandaag niet naar school. Het is gisteren zeker een beetje te druk voor je geweest. Weet je, dat je hebt gedroomd?
Ja, zei Aart. Ik ben in het bos geweest en de bomen waren heel vriendelijk tegen me.
Ja, het is goed, zei zijn moeder.
Ze stonden in een kring om me heen, zei Aart.
Ja, ga nu maar wat slapen, zei zijn moeder. Of wil je liever lezen? Fientje, geef hem zijn boeken.
Aart las in zijn boeken, tot hij er over in slaap viel. Toen hij weer wakker werd, was zijn moeder in de kamer.
Mag ik er uit? vroeg Aart.
Zijn moeder legde haar hand tegen zijn hals. Je hebt geen koorts, zei ze. Kom er dan maar uit en ga maar beneden spelen.
Aart stond op, kleedde zich aan en ging naar beneden. In de keuken was Marie bezig koffie te malen.
Zo Aart, zei ze, heb je gisteren te veel taartjes gegeten?
Ik ben vannacht in het bos geweest, zei Aart.

Dat heb je gedroomd, zei Marie.

Ja, zei Aart. Alle bomen stonden om me heen. En ze praatten met elkaar.

Wat zeiden ze dan? vroeg Marie.

Ze zeiden, dat ze het koud hadden, zei Aart. En dat ze veel liever in het bos waren.

Maar ze waren toch in het bos? vroeg Marie.

Vannacht niet, zei Aart. Vannacht waren ze op mijn kamer.

Ze kwamen zeker voor je verjaardag, zei Marie.

Nee, zei Aart, ze kwamen niet voor mijn verjaardag. Ze hebben me niet gefeliciteerd. Ze hebben gezegd, dat ik altijd bij hen mocht komen.

Ga jij vanmiddag nog naar je huis, Marie?

Ik denk van wel, zei Marie. Waarom?

Ik wou bij Mientje gaan spelen, zei Aart.

Mientje is toch naar school, zei Marie.

Ik wou toch, zei Aart. Vraag jij het aan moeder, Marie?

Goed, zei Marie. Ze ging naar de huiskamer en kwam even later weer terug.

Je mag, zei ze.

Hij is op het roggeland, zei Mientje's moeder, toen Aart haar vroeg, waar Mientje's vader was. Ga er maar heen.

Aart liep op een holletje weg, het karrespoor langs. Het roggeland lag vlak bij het bos. Het was hetzelfde land, waar in het najaar de bieten hadden gestaan.

Wat doet U? vroeg hij aan Mientje's vader.

Dat zie je toch, zei Mientje's vader. Ik maak de greppels schoon.

Waarom? vroeg Aart.

Dan groeit de rogge beter, zei Mientje's vader. Zie je wel, dat ze midden op het land veel beter staat dan hier aan de kant? Maar als ik hier de greppels schoonmaak, groeit ze hier ook beter.

Wanneer is de rogge groot? vroeg Aart.

Over twee maanden, zei Mientje's vader.

En wat gaat de rogge dan doen? vroeg Aart.

Dan wordt ze gezicht, zei Mientje's vader.

Wat is dat? vroeg Aart.

Dan neem ik een groot mes met twee handvaten en dan snij ik alle rogge af, zei Mientje's vader. En dan wordt ze in bossen gebonden en op het land te drogen gezet en dan wordt ze later gedorst en dan komen alle roggekorrels er uit en die worden gemalen en dan heb je meel.

Is de rogge dan helemaal weg? vroeg Aart.

Helemaal weg, zei Mientje's vader. En dan gaan we weer bieten verbouwen en als die groot zijn, worden ze er uit gehaald en dan komt er weer rogge en zo gaat het maar door.

De bomen zijn anders al groot, zei Aart en die worden er niet uit gehaald.

Dat kun je nooit weten, zei Mientje's vader. Misschien gaan ze het bos ook wel eens omhakken, als ze huizen willen gaan bouwen.

Ik zou best een huis willen hebben midden in het bos, zei Aart. Helemaal midden in. Dan zou ik zo vanuit het raam de bomen kunnen beetpakken. Ik ben vannacht in het bos geweest.

Zo, zo, lachte Mientje's vader. Heb jij vannacht in het bos gewandeld? Dan was je toch zeker niet alleen.

Jawel, zei Aart. Helemaal alleen. En er was een lang pad met lichtjes aan het eind, daar zal de reus wel hebben gewoond, maar Fientje zegt, dat er geen reus bestaat.

Ben je dan niet eens naar die lichtjes gaan kijken? vroeg Mientje's vader.

Nee, zei Aart. De lichtjes gingen uit, ziet U, ik ben helemaal verdwaald. Helemaal.

Zo, zei Mientje's vader en ben je toch weer terechtgekomen?

O jé, ja, zei Aart. En nu hoef ik vandaag niet naar school. Wie komt daar aan?

Mijn vrouw met de thee, zei Mientje's vader. We gaan schaften, Aart.

Wat is schaften? vroeg Aart.

Ophouden met werken, zei Mientje's vader.

Aart zeker ook een kopje thee? vroeg Mientje's moeder.

Ze had een kan met thee, een paar kopjes en een trommeltje met koekjes bij zich.

Alstublieft, zei Aart.

En een koekje? vroeg Mientje's moeder.

Alstublieft, zei Aart.

Nog wel gefeliciteerd met je verjaardag, zei Mientje's moeder.

Dank U wel, zei Aart.

De rogge staat er goed bij, zei Mientje's moeder. Ben je hier nog lang bezig?

Vandaag en morgen nog, zei Mientje's vader.

Ga je met mij mee terug, Aart? vroeg Mientje's moeder.

Ik wou nog wat blijven, zei Aart.

Ik breng hem straks wel naar huis, zei Mientje's vader. Ik moet toch nog naar mevrouw.

Dat is waar ook, zei Mientje's moeder.

Gaat U naar moeder toe? vroeg Aart.

Ja, zei Mientje's vader.

Wat gaat U daar doen? vroeg Aart.

Pacht betalen, zei Mientje's vader.

Wat is pacht? vroeg Aart.

Huur, zei Mientje's vader.

Aart moet niet zo stil blijven zitten, zei Mientje's moeder. Het begint al weer een beetje fris te worden.

Heeft de rogge het niet koud? vroeg Aart.

Nee hoor, zei Mientje's vader. De rogge staat in de grond en die is warm genoeg.

De bomen ook, zei Aart. De bomen hebben het ook niet koud in het bos. Hij stond op en deed een paar stapjes in de richting van het bos. Hij keek om.

Mientje's vader was weer aan het werk gegaan en Mientje's moeder liep met de theeboel terug naar huis. Aart had het gevoel, dat zij het misschien niet goed zouden vinden, als hij het bos zou ingaan. Hij dacht: Ik zal er maar een klein eindje ingaan, dan kan ik het horen als ik word geroepen. Hij dacht even later: Ik zal hier onder deze bomen blijven staan.

Hij stond onder een boom, dicht bij de rand van het bos. Hij keek naar boven. Hij zag, dat de top-

pen van de bomen in de wind bewogen. Het was net, alsof ze met elkander stonden te praten. Hij vroeg hardop: Praten jullie nou?
De bomen mompelden.
Hij vroeg: Zijn jullie het geweest vannacht?
De bomen knikten.

In de zesde klas van de lagere school kreeg Aart Meneer Barre. Meneer Barre was heel anders dan de andere onderwijzers. Meneer Barre hoefde het niet te doen, zeiden de kinderen. Hij had geld genoeg, zeiden ze. De deftigheid straalde trouwens aan alle kanten van hem af. Zijn haar zat mooi geplakt, hij had een scherpe vouw in zijn broek, hij droeg slobkousen en hij had altijd een wandelstok bij zich, die hij liet ronddraaien, als hij liep. En hij neuriede onder het lopen. Meneer Barre hield ook zijn overjas aan, als hij 's ochtends bij het begin van de les binnenkwam. Hij ging dan voor de klas staan, leunde met zijn wandelstok in beide handen geklemd op de lessenaar en bezag met een somber gezicht de voor hem zittende kinderen. De kinderen, die eerst nog met elkaar hadden zitten praten en stoeien, werden hoe langer hoe stiller, totdat de hele klas tenslotte geluidloos naar de onderwijzer zat te kijken. Als het zover was, begonnen er altijd een paar te gichelen, de ban was verbroken, meneer Barre trok zijn jas uit, hing hem over een klerenhanger en de les begon.

De kinderen waren bang voor meneer Barre. Ze durfden hem bijvoorbeeld nooit naar huis te brengen. Als na schooltijd de juffrouw van de tweede door een troepje van haar leerlingen op de fiets werd voortgeduwd, als de meneer van de vierde met aan allebei zijn armen een sliert gearmde meisjes wegwandelde, stond meneer Barre soms met een spottend glimlachje om zich heen te kijken, alsof hij wilde zeggen: Probeer dat eens met mij. Eens, bij zo'n gelegenheid, had hij toevallig Aart aangekeken en Aart had zijn mutsje afgenomen. Meneer Barre had toen naar zijn hoed gegrepen en die even boven zijn hoofd gelicht, terwijl hij had gezegd: Dag mijn waarde heer, en daarna was hij doorgelopen.

Hij is knettergek, had een van de andere jongens tegen Aart gezegd. Hij is hardstikke gek. Het is een vals kreng.

Aart moest aan deze begroeting denken, toen hij na de vacantie voor het eerst in de zesde klas kwam. Hij was in een bank gaan zitten en hij keek naar meneer Barre. Meneer Barre keek niet naar hem. Meneer Barre stond in zijn overjas voor de klas, hij had zijn wandelstok dwars voor zich op de lessenaar gelegd en hij leunde op de beide uiteinden. Hij zei: Allemaal nieuwe gezichten, goddank. Die andere smoelen waren niet meer om naar te kijken. Hé daar, jullie tweeën! riep hij en hij wees op twee zittenblijvers, jullie wil ik zo weinig mogelijk zien. Ga op de achterste bank van de middelste rij zitten en dek je op je voorman. Het kan me niet schelen, wat je doet, als je je smoel maar niet laat zien.

De nieuwe klas zat doodstil. Alleen de twee zittenblijvers trokken een welgemeend onverschillig gezicht en sloften luidruchtig naar de achterste bank, waar ze bonkerig in gingen zitten.

Nieuwe gezichten, aandacht! beval meneer Barre. De kinderen zaten vol verwachting naar hem te kijken. Meneer Barre trok zijn overjas uit en hing hem over de klerenhanger tegen de muur. Daarna ging hij achter zijn lessenaar staan, steunend op de uiteinden van zijn wandelstok.

Nieuwe gezichten, namen! beval meneer Barre. Jij daar! en hij wees op een meisje, dat in een van de voorste banken zat: naam!

Het kind zei niets. Het keek met grote ogen naar de onderwijzer.

Meneer Barre boog zich over zijn lessenaar heen, maakte een pruimemondje en vroeg met een piepstemmetje: Hoe heet je, kindjelief?

Een paar jongens begonnen te lachen en het meisje zei haar naam.

De andere kinderen zeiden daarna hun naam, tot de beurt aan Aart was gekomen.

Aha! riep meneer Barre, toen Aart de zijne had gezegd. Aart! Aart! Aart van Aardenburg! Wat is Aardenburg, Aart?

Een burcht van aarde, zei Aart.

Prachtig! Voortreffelijk! riep meneer Barre. Als je had gezegd een plaats in Zeeland, dan had ik je je nek omgedraaid. Een burcht van aarde. Een burcht met aarden wallen. Aardenburg.

Meneer Barre draaide zich om, ging voor het bord staan, pakte een nieuwe pijp krijt en begon te tekenen. De klas bleef doodstil zitten kijken. Meneer Barre ging tekenen. Het was op de hele school bekend, dat meneer Barre prachtig kon tekenen. Het tikken en piepen van het krijt op het bord was duidelijk te horen. Meneer Barre tekende door. De klas begon te mompelen.

Het wordt een kasteel, zei er een.

Dat zijn kantelen, zei een ander.

Meneer Barre tekende haastiger. Hij gebruikte ook gekleurd krijt. Hij deed eindelijk twee stappen achteruit, keek naar het bord en gooide de overgebleven stukjes krijt in de prullemand. De tekening was klaar.

Het was de tekening van een kasteel met vier torens en met een aarden wal er om heen. Er onder stond in krullige, driekleurige letters geschreven: Aardenburg.

Hoe heet jij? vroeg meneer Barre aan de jongen, die naast Aart zat.

Meneer Barre heeft getekend, zei Aart, toen hij om twaalf uur thuis kwam.

Meneer Barre? vroeg zijn moeder. O, dat is je nieuwe onderwijzer. Was het mooi?

Erg mooi, zei Aart. Meneer Barre heeft een kasteel getekend. Een kasteel met een aarden wal en het heet Aardenburg.

Aardenburg? Hoe kwam dat zo? vroeg zijn moeder.

Ik weet niet, zei Aart. Meneer Barre noemde mij Aart van Aardenburg en toen begon hij te tekenen. Erg mooi.

Wat is mooi? vroeg Fientje, die juist binnenkwam.

Meneer Barre heeft een kasteel op het bord getekend, zei Aart. Het heet Aardenburg. Naar mij.

Meneer Barre is gek, zei Fientje.

Nou, nou, zei haar moeder.

Hij is niet goed snik, zei Fientje. Heus, moeder!

Dat zal wel meevallen, zei haar moeder.

Hij heeft mij Aart van Aardenburg genoemd,
Fientje, zei Aart. En hij heeft een prachtig kasteel
voor mij op het bord getekend.
Puh, zei Fientje. Mijn leraren zijn veel knapper
dan die hele meneer Barre.
Fientje, hou je mond, zei haar moeder. Ik geloof,
dat meneer Barre wat een aardige man is.
Kasteel Aardenburg bleef die middag en ook de
hele volgende dag nog te zien, maar op de derde
dag nam meneer Barre een natte spons en veegde
het bord blinkend zwart.
Het leven herneemt zijn rechten, zei meneer Barre.
Als Aardenburg nog eens Aardenburg wil zien,
moet hij het zelf maar bouwen.
Heb je me verstaan, Aart?
Ja meneer, zei Aart.
Ik twijfel er niet aan, zei meneer Barre. Je ziet er
uit als een jongetje, dat alles verstaat. Heb je soms
al een plaats uitgekozen om Aardenburg te bouwen?
Ja meneer, zei Aart.
Dat dacht ik wel, zei meneer Barre. Waar?
Dat zeg ik niet, zei Aart.
Zo, zei meneer Barre. Zeg je dat niet. Dan gaan we
maar door met de les.
Aart had inderdaad een plaats uitgezocht om Aardenburg te bouwen. Hij had in het bos, achter het
land van Albert, de vader van Marie en Mientje,
een open plek gevonden en hij ging er iedere
Woensdag- en Zaterdagmiddag heen om Aardenburg te bouwen met een schop van Albert. Een
gracht, zes grote stappen lang en zes breed. Een

40

wal van de aarde uit de gracht, een wal van meer dan een halve meter hoog. Een brug van drie losse planken. Toen het kasteel klaar was, bleek de binnenruimte nog drie meter in het vierkant te zijn. Dat was half October. Aart had er bijna twee maanden aan gewerkt. Op een Zaterdagmiddag was Aardenburg klaar en de volgende Zondagochtend ging hij er heen, voor het eerst zonder schop. Hij stapte over de planken brug zijn kasteel binnen. Hij keek om zich heen. Hij wist niet goed wat te doen, omdat er niets meer te graven viel. Hij ging languit op zijn rug op de vloer van zijn kasteel liggen. Hij zag boven zich alleen maar de lucht en de takken van de bomen, die om de open plek stonden.

Hij stond weer op. Hij keek om zich heen. Hij zag de bomen om Aardenburg staan en niemand anders.

Hij ging weer naar buiten, het bos door naar het land van Albert. Albert stond naar zijn knollen te kijken. Aart ging naast hem staan.

Over veertien dagen, zei Albert, dan begin ik ze er uit te halen.

Ik ben klaar, zei Aart en hij wees achter zich, zonder om te kijken.

Mooi, zei Albert. En is het naar je zin?

Ja, zei Aart.

Aan de andere kant van het dorp was een voetbalveld geweest, waarop de jongens altijd hadden gespeeld, maar in de afgelopen zomer waren er huizen op gebouwd. De jongens waren nog een tijd lang in de buurt blijven rondhangen. Ze hadden in de in aanbouw zijnde huizen gespeeld en dat was hen tenslotte gaan vervelen. Ze waren, week na week, in kleine groepjes door het dorp gaan zwerven, totdat ze, kort nadat Aardenburg klaar was, terecht kwamen op een kaal stuk veld naast het knollenland van Albert. Albert had ze er die middag meteen weer afgejaagd. Een van de weggejaagde jongens had het aan zijn vader verteld en die had geweten, dat het stuk land eigendom was van Aart's moeder. De jongen had het aan de andere jongens verteld en ze waren de volgende dag naar Aart gegaan, om hem te vragen, of ze op het veld mochten spelen. Aart had de boodschap aan zijn moeder overgebracht en zijn moeder had er Albert over gesproken. Albert had gezegd, dat hij er niets van moest hebben en dat al zijn knollen vertrapt zouden worden.

Dat zal wel meevallen, zei Aart's moeder.

Niks meevallen, mevrouw, zei Albert. Ze schoppen eerst de bal tussen de knollen en dan gaan ze er zelf achteraan. En aan de rogge van het voorjaar, daar moet ik niet aan denken.

Maar er kan toch een stuk kippengaas langs het veldje worden gezet, zei Aart's moeder.

Toe maar, zei Albert. Nog kippengaas ook voor die apen.

Nou ja, zei Aart's moeder, laat het maar doen. En laat die jongens hun gang maar gaan. Ze zullen wel voorzichtig zijn.

Nog dezelfde dag waren twee mannen met de afrastering van Albert's knollentuin begonnen en Aart vertelde de jongens, dat ze op het kale veld mochten spelen. Hij was de eerste Zaterdagmiddag zelf aanwezig om hen te ontvangen. De jongens kwamen om half twee. Ze keken eerbiedig naar het kippengaas. Ze zouden die middag niet gaan voetballen. Ze wilden een geheime bosclub oprichten.

Om vier uur zaten en lagen ze allemaal in een kring aan de rand van het bos. Aart zat wat achteraf met zijn rug tegen een boom. Ze hadden de club opgericht en een schat begraven. De schat was een trommel met kantkoek, een fles aangelengde limonade en een gedeukt blikken bekertje. Ze hadden plannen gemaakt. Ze hadden eden gezworen en ze waren tenslotte een beetje beu geworden van alle geheimzinnigdoenerigheid.

De schat werd weer opgegraven en verdeeld. Twee jongens kregen ruzie en begonnen tegen elkaar te schreeuwen.

Ouwehoer! riep de grootste van de twee.

En jij bent een schijthuis! riep de ander.

En jij bent de grootste ouwehoer van de hele klas! riep de eerste.

En jij bent het grootste schijthuis van de hele school! riep de ander.

En jij bent de grootste ouwehoer van alle scholen! riep de eerste.

De twee jongens werden door de anderen tegen elkaar aan geduwd en ze begonnen met enige tegenzin elkaar te stompen en te duwen, tot de eerste jongen wegliep. Niemand ging hem achterna. De

43

jongen bleef na een honderd meter stilstaan en kwam toen langzaam terug.

Aart zag in de verte Albert aankomen met iemand naast zich.

Toen ze dichterbij waren, zag hij, dat de ander meneer Barre was. Meneer Barre zwaaide met zijn wandelstok. Hij wees naar de knollen. Aart hoorde, dat Albert lachte. Meneer Barre liep alleen door en kwam hun richting uit.

Jongens, daar komt meneer Barre aan, riep een van de jongens.

Ze sprongen allemaal overeind. Meneer Barre was al heel dichtbij. Hij kwam recht op hen af. Hij zei heel gewoon: Goeiemiddag jongens. Aart, je moeder laat vragen, of je thuis komt. Je oom is er. Met een verrassing, geloof ik. Aart kwam naar voren. Meneer Barre knikte hem bemoedigend toe.

Aart zei tegen de andere jongens: Nou, saluut. Meneer Barre had zich al weer omgedraaid. Hij liep een paar stappen voor Aart uit. Bij het knollenland bleef hij staan. Hij riep tegen Albert: Gegroet, waarde heer! Albert lichtte zijn pet boven zijn hoofd.

Aart had meneer Barre ondertussen ingehaald en ze liepen naast elkaar verder.

Meneer Barre zei niets. Hij dacht: Heb ik me nu toch niet te veel opgedrongen? Hij dacht er aan, hoe hij deze middag langs het huis van Aart's moeder was gekomen en hoe daar een auto had gestaan, half binnen het hek gereden. Aart's moeder had er naast gestaan en er had iemand aan de auto staan zwengelen. Aart's moeder had gezegd: Dag,

44

meneer Barre. Hij was blijven staan. Hij had gevraagd: Kan ik van dienst zijn? Hij was voorgesteld aan de zwengelende man, een broer van Aart's moeder en de broer had hem een hand gegeven en gezegd: Heeft U verstand van auto's, meneer Barre? Ik niet. Ik helemaal niet.

De broer was daarna weer aan het zwengelen gegaan en de zwengel was teruggesprongen en de broer had geroepen: Verdomme, kreng! en Aart's moeder had geroepen: Voorzichtig, Matthias! en hij, meneer Barre had de zwengel gegrepen. Hij had zijn ogen dichtgeknepen en hij had een ruk aan de zwengel gegeven en de motor was gaan ploffen. Het was een hele vreemde gewaarwording geweest. De broer, Matthias, had goed zo! geroepen. Hij was in de auto gaan zitten en hij was het hek binnengereden en Aart's moeder had gezegd: Wat jammer, dat Aart er nu niet is. En toen meneer Barre had gehoord, waar Aart aan het spelen was, had hij aangeboden hem te halen. En Aart's moeder had gezegd: En komt U dan meteen een kopje thee drinken. Nee, dacht meneer Barre. Nee, ik heb me niet opgedrongen. Maar ik heb gebofd met die motor.

Wat is het voor een verrassing, meneer Barre? vroeg Aart.

Je oom is gekomen met een auto, zei meneer Barre.

Oom Jean? vroeg Aart. Of oom Hubert?

Nee, zei meneer Barre, oom Matthias.

O, zei Aart.

Meneer Barre dacht: Oom Matthias. Ik zeg oom Matthias.

Hij vroeg: Zijn je andere ooms ook broers van je moeder?

Dat weet ik niet, zei Aart. Daar woont Albert, ziet U.

Albert? vroeg meneer Barre. O juist, Albert.

De vader van Mientje, zei Aart.

Natuurlijk, zei meneer Barre.

We gaan nu het kleine bos door, zei Aart. Dan zijn we er bijna.

Dan zijn we er bijna, dacht meneer Barre.

Toen ze bij het hek van het huis kwamen, dacht meneer Barre: Hij zal me nu vragen, waarom ik ook naar binnen ga.

Maar Aart vroeg niets. Ze liepen naast elkander naar het huis.

Meneer Barre zag, dat de auto weg was. Hij dacht, dat het jammer zou zijn, als oom Matthias al weer zou zijn vertrokken.

De voordeur stond op een kier. Aart duwde haar verder open. Hij liet meneer Barre voorgaan. Meneer Barre stond in de gang. Hij trok zijn handschoenen uit en zijn jas. Er klonken stemmen uit de voorkamer. Ze moesten daar weten, dat hij was gekomen en toch kwam er niemand naar de gang om hem te verwelkomen. Maar Aart stond op hem te wachten. Aart deed een kamerdeur open en meneer Barre ging naar binnen.

Zo, meneer Barre, zei Aart's moeder. Heeft U hem gevonden?

Ja, zei meneer Barre. Ja, inderdaad.

Hij keek even later om zich heen. Hij zag, dat hij terecht was gekomen in een brede leunstoel bij het

raam en dat oom Matthias in eenzelfde stoel aan
de andere kant bij het raam zat en dat Aart's moeder aan een grote tafel zat met een breiwerk en
dat boven de schoorsteenmantel een vrouwenportret hing, dat zeker wel honderd jaar oud moest
zijn.
Hoe vonden de jongens het veld? vroeg Aart's
moeder.
Mooi, zei Aart, ze vonden het erg mooi. Heeft U
een auto, oom Matthias?
Nee, zei oom Matthias, je moeder.
Ja, zei Aart's moeder. We hebben een auto. Wil
je hem zien? Hij staat achter het huis.
Gaat U ook mee, meneer Barre? vroeg Aart.
Meneer Barre stond op. Hij zag, dat er geen thee
voor hem was ingeschonken. Hij dacht, dat hij het
beste maar weer mee naar buiten zou kunnen gaan.
Hij liep achter Aart aan, de gang door en de achterdeur uit. De auto stond in een schuur. Aart deed
een van de portieren open en klom op de voorbank achter het stuur. Meneer Barre ging naast
hem zitten. Hij keek door de voorruit, over de
motorkap heen, naar de achterwand van de schuur.
Zou hij hard kunnen rijden? vroeg Aart.
Ik weet het niet, zei meneer Barre. Ik weet het
werkelijk niet.
Er klonken stappen. Er kwam iemand de schuur
binnen. Meneer Barre zag het hoofd van Fientje
naast het portier.
Dag meneer Barre! riep Fientje. Is dit de auto,
Aart? Wat een prachtig ding! Laat mij eens achter
het stuur zitten, Aart?

Meneer Barre klom uit de auto en liet Fientje naar binnen gaan. Hij liep de schuur uit. Hij dacht: Ik kan nog niet eens zo maar weglopen. Mijn jas hangt nog in de gang.

Hij ging door de achterdeur het huis weer binnen. Hij bleef in de gang stilstaan. Hij dacht: Ik kan hier niet stil blijven staan. Ik zal mijn jas nemen. Maar ik kan mijn jas niet nemen.

Hij ging naar de kamerdeur toe. Hij duwde de kruk naar beneden. De deur ging open.

Zo, meneer Barre, zei Aart's moeder. Heeft U de kinderen maar bij de auto gelaten?

Ja, zei meneer Barre, jazeker.

U zult zo tussenbeide wel eens genoeg krijgen van kinderen om U heen, zei oom Matthias.

Haha, lachte meneer Barre. Ja, dat wil soms zo wel eens.

Wilt U nog een kopje thee, meneer Barre? vroeg Aart's moeder.

Meneer Barre heeft nog helemaal geen thee gehad, zei oom Matthias. Maar hij wil misschien liever een glas bier of een borrel. Wat dunkt U van een borrel, meneer Barre? Ik sta juist op het punt er een voor mezelf in te schenken.

Ik heb gehoord, dat U zo mooi kunt tekenen, meneer Barre, zei Aart's moeder.

U heeft zeker veel verstand van schilderijen, zei oom Matthias. Vindt U dat geen bijzonder lelijk schilderij?

Meneer Barre keek naar het schilderij, dat door oom Matthias was aangewezen. Het was een geweldig groot stilleven van een dode eend, twee dode hazen, een paar appels, een fles wijn en een glas.

Ik vind, dat je het aan een poelier moet verkopen, Fie, zei oom Matthias.

Mijn schoonvader heeft het gekregen bij zijn vijf en twintigjarige bruiloft, zei Aart's moeder tegen meneer Barre.

Het is goed geschilderd, zei meneer Barre. Hij zag een vol glas jenever op het tafeltje naast zijn stoel staan en hij nam er een flinke slok van. Hij dacht: Nu gaat het beter. Hij liet zich achterover in zijn stoel zakken. Hij wees op het vrouwenportret. Hij zei: Dat portret, dat is goed geschilderd. Een goed portret, dat.

Oom Matthias keek even verstrooid naar het portret. Aart's moeder bleef met haar breiwerk doorgaan. Meneer Barre dacht: Ze hadden wel eens kunnen zeggen: Dat is mijn grootmoeder of mijn overgrootmoeder. Maar alla!

Hij nam nog een slok jenever. Hij dacht: Ze schenken hier tenminste flinke glazen.

Daar komt Albert aan, zei oom Matthias. Hij komt natuurlijk naar de auto kijken.

Ik zal maar eens even gaan zien, zei Aart's moeder. Dan kan ik hem meteen alles zeggen.

Wat gaat ze aan Albert zeggen? dacht meneer Barre.

Hij dacht: Ik zal nog maar iets van de auto zeggen. Hij zei: Het zijn sterke auto's, deze. Onze majoor had er ook een, tijdens de mobilisatie.

Zo, zei oom Matthias, bij welk wapen heeft U gediend?

49

Eerste luitenant vestingartillerie, zei meneer Barre. Hij dacht er aan, dat zijn majoor in die dagen het verblijf in het compagniesbureau bijna onverdragelijk had gemaakt door het voortdurend schelden op zijn veel te kleine tractement en zijn vier kinderen, die hem handen vol geld kostten en zijn veel te kleine pensioen en dat hij er op zijn oude dag nog een baantje bij zou moeten zoeken. Een auto, dacht meneer Barre. Die armoedzaaier van een majoor in een auto. Het is belachelijk. Hoe kom ik er bij?

Bent U lang onder de wapenen geweest? vroeg oom Matthias.

Ruim twee jaar, zei meneer Barre.

Beroerd, zei oom Matthias. Een beroerde tijd. Maar wat doet een mens er aan?

Ach, zei meneer Barre. Het was zo verschrikkelijk niet. Het betekende ook twee jaar niet voor de klas te hoeven staan.

Dat is waar, zei oom Matthias. Daar kan ik inkomen.

Hij dronk zijn glas leeg en pakte de kruik. Meneer Barre dronk zijn glas leeg. Het werd opnieuw volgeschonken.

Fientje kwam de kamer binnenstormen. Ze riep: O, oom Matthias, wat een prachtige auto. Veel mooier dan de auto van oom Jean.

Oom Jean heeft ook een nieuwe auto gekocht, zei oom Matthias.

O, zei Fientje. Net zo een?

Groter, zei oom Matthias.

O, zei Fientje. En oom Hubert?

50

Oom Hubert niet, zei oom Matthias. Oom Hubert heeft nog altijd zijn oude auto.

Meneer Barre vroeg: Heeft U zelf geen auto?

Ik ga liever met de trein, zei oom Matthias. Of lopen. Of met de fiets.

Oom Matthias! riep Fientje. U vergeet helemaal meneer Barre een sigaar te geven.

Ze ging naar een kast, haalde er een kist sigaren uit en zette die bij meneer Barre neer. Meneer Barre zocht er op zijn gemak een uit, sneed er het puntje af en stak hem op.

Zo, zei hij tevreden. En hoe gaat het met Fientje?

O, best, zei Fientje.

Waar is Aart? vroeg oom Matthias.

Achter bij de auto, zei Fientje.

Een ogenblik, zei oom Matthias en hij liep de kamer uit. Fientje ging aan tafel zitten lezen.

Ze lopen altijd zo weg, dacht meneer Barre. Hij zag, dat er onder het tafeltje naast zijn stoel een tijdschrift lag. Hij trok het er onder uit en begon er in te bladeren.

Zal ik U nog eens inschenken? vroeg Fientje.

Heel graag, zei meneer Barre, heel graag. Hij dacht: Wat kan het mij ook verdommen of ze wegblijven. Er stond een verhaal in het tijdschrift. Hij begon het op zijn gemak te lezen.

U blijft hier zeker eten, zei Fientje.

Dat weet ik niet, zei meneer Barre. Dat weet ik werkelijk niet.

Oom Matthias kwam met Aart de kamer weer binnen. Ze droegen samen een mand met houtblokken.

Gaan jullie de kachel aanmaken? riep Fientje.

Ze gaven geen antwoord. Meneer Barre stond op en ging er bij staan.

Hij zei: Het vuur onderin. Dan trekt het beter.

We zullen er voor zorgen, zei oom Matthias.

Het hout is goed droog, zei Aart tevreden.

Het hout was prachtig droog. Het vlamde snel op.

Zo, zei oom Matthias. We gaan er weer bij zitten. Drink eens uit, meneer Barre.

Meneer Barre dronk zijn glas leeg. Hij vroeg: Halen jullie dat hout uit het bos?

Het komt van het land, meneer Barre, zei Aart.

Woont U hier al lang, meneer Barre? vroeg oom Matthias.

Twaalf jaar, zei meneer Barre.

Aardige plaats? vroeg oom Matthias.

Mmmm, zei meneer Barre. Aardige plaats. Kleine plaats. Vervelend gat. Hij dacht: Ik moet niet meer drinken. Als dit glas leeg is, moet ik niet meer drinken. Hij ging wat meer rechtop in zijn stoel zitten. Hij zei: Het was hier vroeger allemaal veel kleiner. Voor de oorlog was het alleen maar het eigenlijke dorp. Maar het breidt zich steeds meer uit. Al die villa's. Vervelend, al die villa's.

Zijn er geen uitbreidingsplannen naar deze kant? vroeg oom Matthias.

Nee, zei meneer Barre. Het bos wordt niet verkocht. Het bos is domein. Goddank. Geen villa's in het bos.

Hoe oud zijn de bomen achter Albert? vroeg Aart.

Vijftig jaar, zei meneer Barre. Zestig jaar, zeventig jaar.

U heeft ze dus nooit klein gezien, zei Aart.

Nooit, zei meneer Barre. Tachtig jaar. Negentig jaar.

Misschien wel honderd, zei Aart.

Best mogelijk, zei meneer Barre. Heel goed mogelijk. Honderd, honderdtien.

Dan heeft nog nooit iemand de bomen klein gezien, zei Aart.

Nooit, zei meneer Barre. Nog een halfje dan.

Wandelt U wel eens 's nachts in het bos? vroeg Aart.

's Nachts? zei meneer Barre. Nou nee. 's Nachts niet. Jij wel?

Nee, zei Aart. Ik ook niet.

Meneer Barre blijft eten, moeder, riep Fientje, toen haar moeder de kamer binnenkwam.

Ik weet niet, zei meneer Barre.

Natuurlijk blijft meneer Barre eten, zei Fientje's moeder.

Oom Matthias, gaan we na het eten nog een eindje met de auto rijden? vroeg Fientje.

Als het donker is, zei oom Matthias. Ik wil de lichten nog eens proberen.

Hoe laat gaan we eten, moeder? vroeg Fientje.

Over een half uur, zei haar moeder. Ze ging terug naar de keuken.

Oom Matthias pakte de kruik en schonk meneer Barre en zichzelf in.

Een half uur later gingen ze aan tafel. Meneer Barre hield de rugleuning van een stoel vast. Hij hoorde tegen zich zeggen: Ja, gaat U daar maar zitten, meneer Barre.

Toen hij eenmaal zat, ging het iets beter. Hij keek om zich heen. Hij zag, dat hij zijn soep niet zelf hoefde op te scheppen. Het bord werd hem toegeschoven. Hij zei: Dank U wel en hij voelde, dat hij het meende. Hij was dankbaar, dat het allemaal zo goed was afgelopen. Hij had een half gevuld jeneverglas in de andere kamer laten staan. Hij dacht: Ik ben zo vreselijk blij, dat ik het heb laten staan en dat ik zonder ongelukken naar deze kamer ben gekomen.

Hij zei: Een mooie lichte kamer, mevrouw. En het is heerlijke soep.

Hij zag nu ook, dat hij naast Fientje zat en dat oom Matthias en Aart ieder aan een uiteinde van de tafel zaten en Aart's moeder tegenover hem.

We moesten maar een glaasje wijn drinken ter ere van de auto, zei Aart's moeder. Oom Matthias stond op en liep de kamer uit.

Fientje haalde glazen. Oom Matthias kwam terug met een fles. Meneer Barre dacht: Ik zal maar niet zeggen, dat ik maar een half glas wil. Ik zal het heel langzaam uitdrinken. Hij dacht: Ik moet nu toch iets zeggen. Hij nam zijn glas op en zei: Ik hoop, dat U allemaal veel plezier van de auto zult beleven. Hij vond, dat het heel goed klonk. Hij dacht: Nu niets meer zeggen. Misschien straks nog iets. Hij dacht: Ik moet nu zelf mijn aardappelen, mijn vlees en mijn groente nemen. Maar alles gaat goed.

Hij dacht: Alles is werkelijk goed gegaan. Ik kan nu voor het fruit bedanken. Hij zag, dat Aart een appel op zijn mouw zat op te poetsen. Hij dacht:

54

Dat kon ik ook best eens doen. Hij zei: Ik heb werkelijk heerlijk gegeten, mevrouw. Hij nam een appel en begon te poetsen.

Wanneer gaan we nu met de auto, oom Matthias? vroeg Fientje, toen ze weer in de andere kamer waren.

Oom Matthias keek op de klok. Hij zei: Over een half uur.

Ik moet nu toch werkelijk eens gaan, zei meneer Barre.

Wacht U nog even, riep Fientje, dan brengen we U weg, hè oom Matthias?

Welzeker, zei oom Matthias.

Maar we gaan toch ook nog naar het bos? vroeg Aart.

Ja waarachtig, zei oom Matthias. Gaan jullie mee? Dan zullen we de motor eerst een tijdje laten draaien.

Meneer Barre bleef alleen in de kamer achter. Hij dacht: Het hindert ook eigenlijk niet. Ik ga rustig in de tuin wandelen.

Hij liep de kamer uit, de gang door naar de achterdeur. Buiten was het bijna donker, maar hij kon de paden in de tuin nog zien. Er brandde licht in de schuur en hij hoorde de motor lopen.

Hij dacht: Zal ik weglopen? Hij luisterde naar de motor, die afwisselend harder en zachter liep. Hij dacht: Het hindert ook eigenlijk niet. Ik ga rustig in de tuin wandelen. Hij zag een bank in de tuin staan. Hij ging er op zitten. Later hoorde hij, dat Fientje hem riep. Meneer Barre! riep ze. We gaan weg!

Hij stond op. Hij rilde van de kou. Binnen trok hij zijn jas aan.

Waar is je moeder? vroeg hij aan Fientje.

In de keuken, zei Fientje.

Dag meneer Barre, zei haar moeder. Ze kwam de keuken uit en gaf hem een hand.

Hartelijk dank, zei meneer Barre. Voor alles hartelijk dank.

In de auto zat hij alleen op de achterbank. De twee kinderen zaten voor naast hun oom.

Ze rijden naar het bos, dacht meneer Barre. Ze rijden verdomme naar het bos. Waarom brengen ze mij niet eerst thuis?

De auto reed het bos in. Na een minuut of tien zei oom Matthias: Hier zullen we keren.

Hij stuurde de auto van de weg af, een meter of wat een bospad in. Oom Matthias stapte uit. De kinderen ook. Meneer Barre dacht: Ik zal verdomme ook maar uitstappen.

Wat schijnen de lampen ver, oom Matthias! riep Fientje.

Het licht van de lampen scheen tegen de stammen van de bomen. Ontelbare bomen, dacht meneer Barre. Als er mensen in het bos zouden zijn geweest, zouden ze door het licht zijn opgeschrikt. Maar die verdomde bomen blijven rustig staan. Die verdomde bomen laten zich nergens door van streek brengen. Die doen, wat ze zelf willen. Die worden nooit bang, nooit beschaamd, nooit schichtig. Die zitten doodrustig aan tafel na zes glazen jenever. Ik verdom het verder. Ik verdom het helemaal.

Hij keek achter zich. Hij zag achter zich een donkere massa, waarin niets te onderscheiden viel. Hij zei: Ik geloof, dat ik nu maar eens een wandeling in het bos ga maken.

Maar meneer Barre! riep Fientje. We brengen U dadelijk thuis!

Nee, nee, zei meneer Barre. Zeker niet. Stellig niet. Ik heb echt zin om een wandeling te maken. Wel, goedenavond dan allemaal. Goedenavond en hartelijk bedankt.

Hij liep weg. Hij stak de weg over en ging het bos aan de andere kant binnen. Hij viel bijna over een losse tak. Hij liep tegen een struik op. Hij dacht: Ik zal achter een boom gaan staan wachten, tot ze weg zijn. Hij wachtte. Het licht bleef aan de andere kant op de bomen schijnen. Meneer Barre keek vanachter zijn boom naar het licht. Hij zei zachtjes: Donder op. Donder in Jezusnaam op, man. Hij zei het nog een paar keer, omdat het zo lekker gesmeerd klonk. Hij zei: Donder op, Matthias, grootmajoor van London. Hij zocht naar een ander woord voor Matthias, omdat het niet op London rijmde. Hij hoorde, dat de motor werd aangezet. Hij zag de lichtbundel draaien. De bomen flitsten in en uit het licht. Het leek, alsof ze snel wegsprongen. Jullie zijn nu niet meer zo vervloekt onaandoenlijk, dacht meneer Barre. Hij had het gevoel, alsof hijzelf de lampen liet draaien en de bomen opjoeg. Ik zal jullie laten springen, dacht hij. Ik zal jullie verdomme wel eens laten springen.

De auto was weer midden op de weg komen te

staan. Meneer Barre kwam vanachter zijn boom tevoorschijn. Hij keek de wegrijdende auto na. Hij stak zijn vuist op. Hij riep: Jullie kunnen verrekken! Jullie kunnen allemaal verrekken!

Toen hij vanuit het bos weer op de weg was gekomen, merkte hij, dat hij zijn wandelstok in de gang van het huis van Aart's moeder had laten staan.

Vijf kwartier later stapte meneer Barre het café in de dorpstraat binnen. Hij ging aan de leestafel zitten. Hij bestelde koffie en een glas cognac. Hij zei: Ik ben doodmoe. Uren gelopen.

Hij strekte zijn benen onder de tafel en geeuwde. Hij zei: Allemachtig, ik ben werkelijk moe. Hij nam een geïllustreerd blad en begon de plaatjes te bekijken. Toen zijn koffie en zijn cognac hem werden gebracht, hoorde hij achter zich zeggen: Barre. Hij keek om. Hij zei: O, Bolhuis.

Waar was je vanmiddag? vroeg de stem van Bolhuis.

Uit, zei meneer Barre. Wat zit jij daar in het donker?

Lampje stuk, zei Bolhuis. Hij riep: Gerrit, breng me een uitsmijter en een ander lampje! Heb jij al gegeten, Barre?

Ja, zei meneer Barre. Hij stond op en ging naar het tafeltje in de hoek, waar Bolhuis zat.

De lamp is stuk, zei Bolhuis. Hij wees op het schemerlampje, dat op het tafeltje stond. Waar was je vanmiddag? vroeg hij weer.

Weg, zei meneer Barre. Hij pakte het lampje beet en schroefde de peer aan. Het licht flitste op. Meneer Barre zag aan de andere kant van de tafel het

58

dikke, vlekkerige gezicht van Bolhuis, de behanger. Hij zei: Zo, Bolhuis.

Dat is goeie, zei Bolhuis. Zal ik tenminste zien, wat ik eet. Gerrit! Waar blijft mijn uitsmijter!

Wordt aan gewerkt, meneer Bolhuis! riep iemand terug.

Wat drink je, Barre? vroeg Bolhuis.

Cognac, zei meneer Barre.

En een glas cognac voor meneer Barre! riep Bolhuis.

Ik heb al besteld, zei meneer Barre.

De kellner bracht de koffie en de cognac van meneer Barre.

Waar blijft mijn uitsmijter, Gerrit? vroeg Bolhuis.

Wordt aan gewerkt, meneer Bolhuis, zei Gerrit.

Dat is goeie, zei Bolhuis. Breng me dan nog maar een glaasje bier. Je bent vanmiddag niet geweest, Barre. Waar was je toch?

Ik heb gewandeld, zei meneer Barre.

Dat is goeie, zei Bolhuis. Waar heb je gewandeld?

In het bos, zei meneer Barre.

In het bos? vroeg Bolhuis. Wandel jij in het bos? Dat laat ik aan de jongens en de meiden over.

Meneer Barre gaf geen antwoord. Hij dacht er aan, dat oom Matthias op het zelfde ogenblik in een van de grote stoelen in de kamer van zijn zuster zou zitten. En Fientje zou nog wel niet naar bed zijn op Zaterdagavond. Aart wel. Aart zou liggen te slapen, maar de andere drie zouden in de huiskamer zitten. En hij zat hier met Bolhuis. De uitsmijter van Bolhuis werd gebracht.

Ik heb gegeten, zei meneer Barre. Hij dacht aan de

59

soep en aan het vlees en aan de wijn. Hij dacht: Heb ik eigenlijk niets toe gehad? En toen dacht hij aan zijn appel. Hij haalde de appel uit zijn zak en nam er een hap uit. Hij dacht: Het is een beetje zo, alsof ik daarginds nog zit te eten.

Wie krijgen we daar nou? vroeg Bolhuis.

Meneer Barre keek om. Hij zag, dat er iemand in het café was binnengekomen. Hij zag, dat het oom Matthias was. Oom Matthias keek rond. Hij zag meneer Barre, groette en stapte naar het tafeltje toe.

Ken jij die meneer? vroeg Bolhuis.

Meneer Barre stond op en stak zijn hand uit. Hij vroeg: Komt U hier eens kijken?

Ik stoor de heren toch niet? vroeg oom Matthias.

Dit is de heer Bolhuis, zei meneer Barre.

Behanger en stoffeerder hier ter plaatse, zei Bolhuis.

Gheel, zei oom Matthias.

Aangenaam Uw kennis te maken, meneer Gheel, zei Bolhuis. Gerrit! Heb ik U al niet eens eerder gezien, meneer Gheel. Uw gezicht komt me zo bekend voor.

Dat is best mogelijk, zei oom Matthias. Ik kom hier een paar maal per jaar bij mijn zuster logeren.

En wie is dat, als ik vragen mag? vroeg Bolhuis.

Mevrouw Duclos, zei oom Matthias.

Mevrouw Duclos! riep Bolhuis. Ach kom, mevrouw Duclos. Dat is nog een goeie klant van me. Ik heb mevrouw behangen en gestoffeerd, toen ze hier op het dorp kwam wonen. Gerrit! O, Gerrit, ben je daar. Vraag meneer, wat meneer zal gebruiken.

Barre, drink eens uit, jongen. Jij nog een glaasje cognac. Gerrit, neem die rommel weg. Voor mij nog een glaasje bier.
Een glaasje bier is zo'n slecht idee niet, zei oom Matthias.
Mij ook maar bier, zei meneer Barre.
Ik heb vanmiddag een flink borreltje gedronken, zei Bolhuis. En dan bekomt me 's avonds niets zo goed als bier.
Zo is het, zei oom Matthias.
Zo, zo, zei Bolhuis. Dus U bent een broer van mevrouw Duclos. Blijft U lang op het dorp?
Ik ga morgenavond weer terug, zei oom Matthias.
Zo, zo, zei Bolhuis. Nou, hier is het bier. Proost, meneer Gheel. Proost, Barre. En zit het behang er niet prachtig op bij mevrouw?
Daar mankeert niets aan, zei oom Matthias.
Een gevestigde zaak, meneer, zei Bolhuis. Bestaat al meer dan zeventig jaar. En ik ben zelf drie en vijftig. Kunt U nagaan.
Waarom zit die verdomde Bolhuis hier met zijn gezwets? dacht meneer Barre.
Dus de zaken gaan goed, zei oom Matthias tegen Bolhuis.
Ik mag niet klagen, zei Bolhuis.
Ik krijg de indruk, dat het dorp zich uitbreidt, zei oom Matthias.
Dat doet het, zei Bolhuis. Er wordt aardig bijgebouwd.
Zeker veel beleggingsgronden gekocht? vroeg oom Matthias.
Haha, lachte Bolhuis. Meneer weet er alles van.

Maar dan is er nog het domein, zei oom Matthias.
Heeft meneer ook al van de plannen gehoord?
vroeg Bolhuis.
Zo hier en daar, zei oom Matthias. Wat vindt U
er van?
Ik begin er niet aan, zei Bolhuis. Het gaat veel te
duur.
Denkt U? vroeg oom Matthias.
Veel te duur, zei Bolhuis.
Wat zwetsen ze toch, dacht meneer Barre. Ben ik
dan niets? Ben ik dan verdomme helemaal niets?
Hij stond op en ging naar de leestafel. Hij sloeg een
krant open. Hij dacht: Ik zal straks zeggen, dat ik
een artikel over onderwijspolitiek heb willen na-
slaan. Hij bleef, over de leestafel gebogen, in de
krant staan turen. Hij keek om. Oom Matthias en
Bolhuis zaten druk met elkaar te praten. Hij hoorde Bolhuis roepen: Gerrit! Hij dacht: Nu gaan ze
weer een glas bier drinken. Ik niet. Ik lekker niet.
Zuipen jullie je maar te barsten. Hij dacht: Ik zal
wachten tot het bier voor Bolhuis en oom Matthias
is gebracht, anders denken ze, dat ik op het bier
afkom. Hij dacht: Ik ben zo moe als een hond. Een
hond. Een hond. Hij ging bij de leestafel zitten. Hij
dacht: Ik ga een hond kopen. Een trouwe, vriendelijke hond. Hij keek om. Hij zag, dat Gerrit drie
glazen bier naar het tafeltje van Bolhuis en oom
Matthias had gebracht. Hij stond op. Hij dacht:
Verdomd geschikt. Geschikte kerels. Hij ging naar
het tafeltje toe. Hij hoorde oom Matthias zeggen:
Jammer, maar daar is dan inderdaad niet veel aan
te doen. Toen keken ze alle twee meneer Barre aan

en meneer Barre dacht: Nu zal ik het gesprek moeten voortzetten en Bolhuis zei: Zo, ouwe kinderen-
pester, zien we jou ook weer eens? Waar was je
vanmiddag toch?
Ik ga een hond kopen, zei meneer Barre.
Fikkie! riep Bolhuis. Gerrit! Een fikkie voor me-
neer Barre!
Heeft U er al een op het oog? vroeg oom Matthias.
Nog niet, zei meneer Barre. Maar ik wil er een
hebben. Een vriendelijke, bedaarde hond. Voor de
gezelligheid.
Van mij krijg je een mand, zei Bolhuis. Ik zal hem
zelf bekleden. Een mand voor je leven. Die Barre.
Waar was je toch vanmiddag?
Zou U iets voelen voor een collie? vroeg oom Mat-
thias.
Dat zou prachtig zijn, zei meneer Barre.
Dan weet ik wel iets voor U, zei oom Matthias.
Dat zou prachtig zijn, zei meneer Barre.
Ik zal U nader bericht geven, zei oom Matthias.
Heel graag, zei meneer Barre.
Gerrit! riep Bolhuis.
We zullen de gezondheid van de hond drinken, zei
meneer Barre.
Laten we een kasje gooien, zei Bolhuis. Meneer
gooit toch zeker wel een kasje?
Waarachtig wel, zei oom Matthias.
Gerrit, de stenen! riep Bolhuis.
Ja, dat is gezellig, zei meneer Barre. Hij dronk zijn
glas half leeg. Hij zei: Dat is verdomd gezellig, hè?

Een paar dagen later zag meneer Barre bij het uitgaan van de school om half vier Aart alleen bij het fietsenhok staan. Hij ging naar hem toe. Hij vroeg: Fiets stuk?

De ketting is er af, zei Aart. En hij zit vast.

We zullen hem eens op zijn kop zetten, zei meneer Barre. Hij pakte de fiets beet, tilde hem ondersteboven en wilde aan de vastgelopen ketting gaan trekken.

Pas op, meneer, riep Aart. U krijgt vuile handen. Maar meneer Barre had de ketting al beet gepakt.

Hindert niet, zei hij. Draai jij nu het wiel maar langzaam terug. De ketting sprong los en kon weer op het tandrad worden gelegd. Meneer Barre pakte de fiets beet en tilde hem terug op zijn wielen.

Dank U wel, zei Aart.

Hoe gaat het met de auto? vroeg meneer Barre.

O, goed, zei Aart. Albert is het aan het leren.

Zo, zei meneer Barre. Moet Albert de auto gaan rijden?

Ja, zei Aart.

En is je oom al weer weg? vroeg meneer Barre.

O, ja, zei Aart. Zondagavond al weer.

Heeft hij nog iets gezegd? vroeg meneer Barre.

Nee, zei Aart.

O, zei meneer Barre. Heeft hij niet over een hond gesproken?

O, ja, zei Aart. Hij zou een hond voor U meebrengen.

Zo, zei meneer Barre. Dat doet me plezier. Zo. Zou hij een hond voor me meebrengen. Dat is mooi. En hoe is het met Aardenburg?

64

Best, zei Aart. Het is klaar. Wilt U het eens zien?

Mag dat? vroeg meneer Barre.

O, ja, zei Aart.

Aanstaande Zaterdag dan maar? vroeg meneer Barre.

O, goed, zei Aart.

Spelen de jongens nog altijd bij jullie op het land? vroeg meneer Barre.

Nee, zei Aart. Het land is te modderig. Ze spelen nu op een wei aan de andere kant van het dorp.

Ze liepen naast elkaar het schoolplein af. Er was ook buiten op de straat geen jongen meer te zien.

Of zullen we er nu meteen naar toe gaan? vroeg meneer Barre.

O, ja, zei Aart.

Dan zou ik eerst mijn fiets moeten halen, zei meneer Barre.

Ja, zei Aart.

Loop maar even mee, zei meneer Barre. We zijn er tenslotte zo.

Ze gingen de laan af in de richting van het dorp, sloegen een zijlaan in en nog een zijlaan en nog een zijlaan en toen stonden ze stil voor een klein huis.

Hier woon ik, zei meneer Barre. In de bovenste helft tenminste. En nu zal ik mijn fiets gaan halen.

Hij kwam even later terug met zijn fiets en ze reden door andere laantjes, tot ze weer op de grote laan kwamen in de richting van het bos.

Ik zal erg blij zijn, als ik een hond heb, zei meneer Barre. Het is hier echt een streek om een hond te hebben. Je kunt er prachtig mee wandelen en fietsen.

Ja, zei Aart.

Ik ben benieuwd, wat voor een hond het is, die je oom misschien voor me weet, zei meneer Barre. Of hij oud is of jong, groot of klein, en zo.

Het is een collie, zei Aart. Hij is ruim twee en een half jaar, ruwharige teef en hij is ongeveer zo groot. Aart wees, al fietsend, met zijn hand een hoogte aan.

O, zei meneer Barre. Hij dacht: Hij weet alles al. Hij weet alles van de hond af. Hij vroeg: Heeft je oom de hond dan al?

Het is een hond van oom Hubert, zei Aart. Oom Hubert heeft er pas een hond bijgekregen. Ook een teef. En die vecht voortdurend met de collie. Daarom wil oom Hubert de collie wegdoen.

Waarom juist de collie? vroeg meneer Barre. Waarom de andere hond niet?

Hij wil van de andere gaan fokken, zei Aart.

O, juist, zei meneer Barre. Nu, ik ben benieuwd.

Is het nog ver? vroeg hij even later.

O, nee, zei Aart. Het is vlak bij. We moeten tot het land van Albert en dan het bos een eindje in.

Zo, zei meneer Barre. Is dat Albert niet, daar in de verte?

Dat zal wel, zei Aart. Hij is vandaag aan het ploegen.

Is het veel, dat land van jullie? vroeg meneer Barre.

Niet veel, zei Aart. Albert zegt, dat het eigenlijk te weinig is.

Ze hielden stil bij Albert en Albert hield zijn paard in.

We gaan naar het kasteel kijken, zei Aart.

Albert nam zijn pet af voor meneer Barre.

Gaat U ook mee? vroeg meneer Barre.

Ik kan haar moeilijk alleen laten, zei Albert, terwijl hij op het paard wees.

Meneer Barre dacht: Dat is waar ook. Dat is reuze stom van me.

We zullen de fietsen maar hier laten, zei Aart. Het is in het bos moeilijk fietsen. Het is toch vlak bij.

Ze gingen het bos door en ze kwamen bij Aardenburg.

Dit is het, zei Aart.

Prachtig, zei meneer Barre. Daar heeft Albert je zeker bij geholpen.

Nee, zei Aart. Ik heb het alleen gemaakt.

Dat is werkelijk schitterend, zei meneer Barre. Hij liep de plank over, ging het kasteel binnen, leunde over de wal en keek om zich heen. Hij vroeg: En speel je hier nu ook?

Spelen? vroeg Aart. Nee.

Meneer Barre dacht: Hij moet hier toch iets doen? Wat doet hij hier dan? Hij zei: Ik bedoel niet met de jongens, maar alleen.

De jongens komen hier nooit, zei Aart.

Meneer Barre dacht: Maar ik wil toch weten, waarom hij dat kasteel hier heeft gebouwd. Hij vroeg: En wat ga je met Aardenburg doen?

O, niets, zei Aart.

Meneer Barre dacht: Misschien gaat hij er werkelijk niets mee doen. Hij zei: Enfin, je hebt in ieder geval het plezier van het bouwen gehad.

O, ja, zei Aart.

Meneer Barre dacht: Ja, wat moet ik daar nu

eigenlijk mee? Hij zei nog maar eens: Het is heus erg mooi.

Aart zei niets.

Zullen we maar weer eens naar onze fietsen gaan? vroeg meneer Barre.

Goed, zei Aart.

Toen ze bij de fietsen kwamen, was Albert juist bezig zijn paard af te spannen.

Zo, meneer, zei hij, heeft U het kasteel gezien?

Ja, zei meneer Barre. Hij dacht: Albert weet er ook van. Hij heeft er dus helemaal geen geheim van gemaakt. Maar misschien heeft Albert hem toch moeten helpen.

En bent U nogal tevreden over onze Mientje, meneer? vroeg Albert.

Welzeker, zei meneer Barre. Als ze allemaal zo waren. Hij dacht: Hoe zou het zijn, als ze allemaal zo waren? Als ze allemaal van die ijverige, moedertjesachtige boerenkindertjes waren?

Wil je op de vos zitten, Aart? vroeg Albert.

Goed, zei Aart.

Albert pakte hem beet en tilde hem op het paard. Hij hield de teugels in zijn ene hand en Aart's fiets in de andere. Meneer Barre ging naast hem lopen.

Laat U de ploeg op het land staan? vroeg meneer Barre.

Welja, zei Albert. Daar zullen ze niet zo gauw mee gaan lopen.

Ik hoor, dat U auto gaat rijden, zei meneer Barre.

Ja, zei Albert. Voor mevrouw.

Denkt U het nogal gauw onder de knie te hebben? vroeg meneer Barre.

O, jirre ja, zei Albert. Het is alles bij elkaar makkelijker dan met de vos voor de wagen.

Meneer Gheel rijdt ook heel goed auto, zei meneer Barre.

Dat zal best, zei Albert, maar hij rijdt liever met de wagen.

Dat geloof ik ook, zei meneer Barre. Hij vertelde me een paar dagen geleden nog, dat hij er niets mee op had, met die autorijderij.

Zo, zei Albert, zo.

Ze waren al dicht bij Albert's huis, toen Aart omkeek. Meneer Barre dacht: Hij wil iets tegen ons zeggen. Hij wil zeggen: Zit ik niet fijn zo boven op het paard? Maar Aart zei niets. Meneer Barre zag nu ook, dat hij over hen heen keek naar iets, dat achter hen was. Meneer Barre keek zelf ook om, maar er was niets te zien. Er was alleen maar het verlaten karrepad achter hen en het land en de bomen, die achter het land stonden.

Meneer Barre kreeg zijn hond. Een paar dagen later, op een Zaterdag, stond oom Matthias om twaalf uur voor de school te wachten met een hond aan een riem. Het was een prachtige hond en een prachtige riem.

Dit is Collie, zei oom Matthias.

Juist, juist, zei meneer Barre.

Hij komt van mijn zwager, zei oom Matthias. Mijn zwager heeft nooit erg goed namen voor zijn honden kunnen bedenken. Hij noemt een collie Collie.

Hij is prachtig, zei meneer Barre. Ik ben er erg blij mee.

Wel, geluk er mee, zei oom Matthias. Kom Aart, we gaan naar huis. Dag meneer Barre.

O, zei meneer Barre. Wel, hartelijk dank. Zeer hartelijk bedankt. Ik ben er erg blij mee.

Des te beter, zei oom Matthias. Goedenmiddag dan.

Dag meneer Barre, zei Aart.

O, dag Aart, zei meneer Barre. Hij bleef staan met de riem om zijn hand geslagen. Hij hoorde een jongen zeggen: Een mooie hond, meneer.

Hij keek om. Hij zag, dat er een heel troepje schoolkinderen achter hem stond. Hij zei: Ja, jongens.

Is hij van U, meneer? vroeg een jongen.

Ja, zei meneer Barre.

Hoe heet hij, meneer? vroeg een meisje.

Esopus, zei meneer Barre. Hij liep weg. De hond liep rustig met hem mee. Hij hoorde de kinderen achter zich roepen en lachen: Haha, Esopus! Esopus! Hij liep door, de grote laan langs en de zijlaan en de andere zijlaantjes, tot hij bij zijn huis kwam. Hij deed de voordeur open, de hond ging mee. Hij liep de trap op, de hond kwam achter hem aan. Hij ging zijn kamer binnen. Hij ging in een stoel zitten, de hond bleef bij de tafel staan.

Zo, zei meneer Barre. Toen hij wilde gaan praten, merkte hij, dat hij hijgde. Hij haalde een paar maal diep adem. Zo, zei hij toen, zo Collie, daar ben je dan.

Hij aaide de hond over zijn kop. Toen hij ophield

met aaien, duwde de hond zijn natte neus tegen de hand, die langs de armleuning van de stoel naar beneden hing.

Om vijf uur ging meneer Barre met Collie naar de stamgasten in het café. Ze zaten in een grote kring voor het raam aan de dorpstraat. Hooft, de verzekeringsagent, zag hem het eerst. Hij riep: Verdomd jongens, daar komt Barre met een hond!

Barre met zijn Fikkie, jongens! riep Bolhuis. Barre met zijn Fikkie! Dag Fikkie, kom eens bij de baas.

Een mooie hond, meneer Barre, zei de caféhouder. Hij kwam van achter het buffet en hurkte bij Collie neer. Een kostbare hond, meneer. Zuiver ras. Braaf, jongen, bráááf.

Hoe komt je aan dat beest, Barre? vroeg Hooft.

Gekregen, zei meneer Barre.

Van de zwager van mevrouw Duclos! riep Bolhuis.

Van de broer, zei meneer Barre.

Zo, zo, ben je daar zo dik mee? vroeg Hooft.

Aardige man, zei Bolhuis, reuze aardige man.

Ken jij hem ook al? vroeg Hooft.

We hebben de vorige week nog sameneenkasje zitten gooien, zei Bolhuis. Niet waar, Barre?

Ja, zei meneer Barre. Ik krijg nog een mand van je.

Reken maar, zei Bolhuis. Die mand wordt Maandag bezorgd. En jij geeft zeker een borreltje weg, hè? Gerrit! Meneer Barre laat vragen, wat de heren willen drinken.

En neem er zelf ook een, Gerrit, zei meneer Barre.

Nou, nou, zei Hooft. Moet je die Barre horen.

Om half zeven was alleen nog Bolhuis overgebleven.

Ga jij naar huis om te eten? vroeg meneer Barre.

Mmmm, zei Bolhuis.

Ik denk, dat ik hier een stukje blijf eten, zei meneer
Barre. Gerrit!

Komt die zwager vanavond nog? vroeg Bolhuis.

Welke zwager? vroeg meneer Barre.

Die meneer Gheel, zei Bolhuis.

Hij wist het nog niet, zei meneer Barre.

Die meneer van de vorige week? vroeg Gerrit. Die
is hier vanmiddag nog geweest. Hij zei, dat hij de
trein van kwart na vier moest hebben. Hij is van
hieruit naar het station gelopen.

O, zei meneer Barre.

Ik geloof, dat ik maar naar huis ga, zei Bolhuis.

Breng mij een uitsmijter, Gerrit, zei meneer Barre.
En zie, dat je wat eten bij elkaar scharrelt voor de
hond.

Nou saluut, zei Bolhuis.

Saluut, zei meneer Barre.

Kom jij eigenlijk wel eens bij die mensen? vroeg
Bolhuis.

Welke mensen? vroeg meneer Barre.

Die familie Duclos, zei Bolhuis.

Jawel, zei meneer Barre.

Aardige mensen? vroeg Bolhuis.

Heel aardig, zei meneer Barre.

Je hebt die kinderen zeker in de klas gehad, zei
Bolhuis.

Ja, zei meneer Barre. De jongen zit nu nog bij me
in de klas.

Aardige jongen, geloof ik, zei Bolhuis.

Erg aardige jongen, zei meneer Barre.

Nou saluut, zei Bolhuis.

Saluut, zei meneer Barre.

Gerrit! riep Bolhuis. Breng mij nog een biertje.

Ga je nog niet weg? vroeg meneer Barre.

Blijf toch maar een stukje eten, zei Bolhuis.

Meneer Barre dacht: Goddank. Goeie vent, die Bolhuis. Hij dacht: Ik heb best trek in een bordje soep. Hij riep naar achteren: Gerrit! Is er niet een bordje soep te krijgen? Heb jij geen trek in een bordje soep, Bolhuis? Een lekker bordje soep voor meneer Bolhuis en voor mij, Gerrit. En een glaasje bier, Gerrit! Ik denk, dat ik morgen maar eens een bezoek ga brengen aan de familie Duclos, Bolhuis. Er morgenochtend een kopje koffie ga drinken, of anders de volgende week. Aardige mensen, Bolhuis. Maar niet van hun stuk te brengen. Dat hebben ze allemaal. Zelfs die kleine jongen, Bolhuis. Niet van zijn stuk te brengen. Die kleine jongen ook. Nog het meest van allemaal. Braaf, Collie. Jij bent een brave hond. Wij gaan straks wandelen. Wij gaan een flinke wandeling maken. Wij gaan naar het bos, hè Collie. Ga je mee, Bolhuis? Zal je goed doen. Een flinke wandeling. Eerst een kopje koffie en dan een flinke wandeling.

Dank je feestelijk, zei Bolhuis.

Eerst een kopje koffie en een glaasje cognac en dan een flinke wandeling, zei meneer Barre. Wat is er, Gerrit, jongen?

De soep, zei Gerrit. Ik heb aan dat tafeltje daar voor U gedekt.

Prachtig, zei meneer Barre. Heeft meneer Gheel vanmiddag nog iets gezegd, Gerrit?

Die meneer van de vorige week, meneer Barre? vroeg Gerrit. Nee, hoor, niets bijzonders.

O, zei meneer Barre.

Ze aten zonder te praten. Toen de koffie was gebracht, zei Bolhuis: Moet je nou echt nog gaan wandelen, Barre? Laten we liever hier nog een cognacje pakken en dan ga je met mij mee. Dan zal ik die mand voor je in orde maken.

Dat is goed, zei meneer Barre. Heel graag dan.

Na de cognac liepen ze door de dorpstraat naar het huis van Bolhuis, de hond naast hen aan de riem. Ze gingen meteen de werkplaats in.

Bolhuis trok een grote, ronde mand van onder een stapel weg en gooide hem voor de voeten van meneer Barre.

Dat is mijn grootste maat, zei hij. Daar zal je plezier van beleven. En die zullen we nu eens netjes gaan bekleden. Evert! Evert!

Die zal wel niet thuis zijn op Zaterdagavond, zei meneer Barre.

Evert heeft zijn meisje op visite, zei Bolhuis.

Dat is waar ook, zei meneer Barre. Evert is verloofd. Dag Evert, dag waarde heer, hoe gaat het?

Dag meneer, zei Evert.

Geef eens een stuk trijp en wat kopspijkertjes, zei Bolhuis.

Wat gaat U beginnen? vroeg Evert. Is die hond van U, meneer?

Ja, zei meneer Barre. Een mooi beest, niet? Ik krijg een mand van je vader.

Meneer Barre heeft de hond gekregen van een broer van mevrouw Duclos, zei Bolhuis.

U moet dat trijp er niet in vastspijkeren, zei Evert. U moet een kussen maken, dat je er uit kunt halen, anders kun je het niet schoonhouden.

Meneer Barre was op een werkbank gaan zitten. Hij zag, dat Evert een schaar had genomen en in een stuk trijp begon te knippen. Hij vroeg: Maar moet je nu niet naar binnen, naar Rika?

Dat kan wel wachten, zei Evert.

Zullen wij maar eens even binnen gaan kijken, Barre? vroeg Bolhuis. Evert kan het wel af, niet Evert?

't Is zo gebeurd, zei Evert.

Daar komt Rika al aan, zei meneer Barre. Hij dacht: Gelukkig, dan hoef ik tenminste niet naar binnen. Ik ben moe. Ik ben doodmoe. Ik wil naar huis.

Hij zei: Dag Rika. Kom jij je schoonvader eens opzoeken?

Dag meneer, zei Rika. Wat ben jij aan het doen, Evert?

Ik knip, zei Evert.

Hij maakt een mand voor mijn hond, zei meneer Barre.

Die hond heeft meneer Barre gekregen van de broer van mevrouw Duclos, zei Bolhuis.

Duurt het nog lang, Evert? vroeg Rika.

Niet lang, zei Evert. Waar is de grote naald, vader?

Op zijn plaats, zei Bolhuis.

Maar het heeft heus zo'n haast niet, zei meneer

Barre. De hond kan vannacht best op een deken slapen, hè Collie?

Het is zo gebeurd, zei Evert.

Hoe krijg je die mand mee, Barre? zei Bolhuis.

Ik breng hem straks wel even langs, zei Evert. Ik moet Rika toch nog thuisbrengen.

Maar dat is veel te erg, zei meneer Barre.

O je, dat gaat best, zei Rika.

Nu, ik vind het erg aardig, zei meneer Barre. Dan geloof ik, dat ik maar eens moest opstappen. Dag Bolhuis, hartelijk bedankt. Evert, bedankt jongen. Dag Rika. Wel, dan ga ik maar, hè?

Je gaat toch zeker niet meer wandelen, riep Bolhuis hem na.

Nee hoor, zei meneer Barre. Te veel slaap. Welterusten.

Hij liep de dorpstraat uit en door de grote laan. Bij het huis van Aart bleef hij stilstaan. Hij zag, dat er nog licht brandde. Hij bukte zich om de hond te strelen. Hij zei: Kom Collie, we gaan gewoon naar huis. We hebben genoeg gedaan vandaag.

Ik geloof, dat we goed geslapen hebben, Collie, zei meneer Barre de volgende ochtend. Ik geloof, dat we allebei best geslapen hebben.

De hond lag hem aan te kijken, zijn kop op de rand van de mand.

En we gaan vandaag onze tijd maar eens helemaal voor ons zelf gebruiken, zei meneer Barre. We gaan een kopje koffie drinken en een boterhammetje eten en een eindje wandelen en we maken

76

vanmiddag gezellig de kachel aan en we hebben met niemand iets te maken.

Hij stond op, kleedde zich aan, ging naar de zitkamer, zette water op en haalde brood uit de kast.

Je zult vandaag nog van een bord moeten eten, Collie, zei hij. Maar morgen koop ik een mooie grote bak voor je.

Hij sneed brood voor de hond. Hij goot er melk over en de hond at het op.

En nu zullen we onszelf eens gaan uitlaten, zei meneer Barre.

Toen ze op straat waren, dacht hij: Ik zou er toch eigenlijk best naar toe kunnen gaan. Maar toen hij op de grote laan was gekomen, dacht hij: Ik doe het niet. Ik verdom het. Ik heb er ineens helemaal geen zin meer in. Ik ga gewoon naar de andere kant van het dorp. Ik zou best naar Bolhuis kunnen gaan om hem nog eens te bedanken voor de mand. Bolhuis is tenslotte een goeie vent.

Maar hij ging niet naar Bolhuis. Hij liep zonder bepaald plan door de lanen van het dorp en toen hij om een uur weer thuis was, nam hij een boek, schoof zijn stoel bij het raam en ging met zijn voeten op de vensterbank zitten. Hij las. Hij legde van tijd tot tijd zijn boek neer en zei: Ze kunnen het me doen.

Ineens sprong Collie met zijn voorpoten op de vensterbank en op hetzelfde ogenblik hoorde meneer Barre een doffe klap. Hij stond op en keek naar buiten. Voor het huis stond een auto en naast de auto een meneer met Aart en Fientje. Ze gingen het hek binnen.

Meneer Barre holde de trap af en de hond rende voor hem uit en sprong, toen de deur openging, tegen de meneer op, die op de stoep stond.

Zo Collie, dag Collie, Collie dan toch! riep de meneer.

Dag meneer Barre, we komen naar de hond kijken, riep Fientje.

Ik ben de zwager van mevrouw Duclos, zei de meneer. Ik ben eens even komen zien, waar onze Collie is terechtgekomen. Af, Collie, af! Laat me toch je nieuwe baas eens een hand kunnen geven. Dag meneer Barre. Blij kennis met U te mogen maken.

Komt U binnen, zei meneer Barre. Komt U toch binnen, komen jullie binnen kinderen.

We storen U toch niet, hoop ik? vroeg de meneer.

Allerminst, zei meneer Barre, allerminst. Ik zal U even voorgaan.

Hij ging de trap op, de anderen kwamen achter hem aan.

Wel, hier wonen we, Collie en ik, zei meneer Barre, toen ze allemaal in de kamer stonden. Hij dacht: Dit is een aardige man. Dit is een aardige, prettige man. Hij zei: Ik vind het erg prettig, dat U eens komt kijken en ik ben erg blij, dat Collie hier is. Ik geloof, dat we goed met elkaar zullen kunnen opschieten, Collie en ik.

Collie heeft ook al een mand! riep Fientje. Ziet U wel, oom Hubert?

Ja, zei meneer Barre, die mand is een cadeau van een vriend van me. Van Bolhuis, zei hij tegen Aart en Fientje.

Van Bolhuis, de behanger? vroeg Fientje.

Jazeker, zei meneer Barre.

Aardig, zei oom Hubert. U woont hier anders rustig, meneer Barre. Zo in zo'n achteraflaantje. Zeker erg genoeglijk, hè?

Bijzonder, zei meneer Barre. Ik heb het hier erg naar mijn zin. Hij dacht: Het is waarachtig nog waar ook. Hij zei: U zou hier eens in de lente moeten komen. Alles in bloei. De bomen in het laantje en de heesters in de tuinen. De kleine huisjes. Een en al bloemen dan. Net Hans en Grietje.

Hij hield op met praten, omdat hij zag, dat Aart hem aankeek.

Hij zei: Ik heb er nog iets van gemaakt. Een ogenblik.

Hij liep naar de slaapkamer en haalde zijn portefeuille met tekeningen uit de kast. Hij bladerde er in. Hij zei: Hier! en hij legde een krijttekening op de tafel.

Dat is mooi, zei oom Hubert. Hij nam de tekening en ging er mee bij het raam staan. Hij zei: Dat is erg mooi.

Laat mij ook eens zien, oom Hubert? riep Fientje.

Meneer Barre bladerde verder in zijn map. Hier! zei hij eindelijk, toen hij de tekening, die hij zocht, had gevonden, de tekening van een open plek in het bos. Hier, Aart! Voor jou!

O, zei Aart.

Mag je houden, zei meneer Barre.

O, zei Aart. Dank U wel! Dank U wel, meneer.

Laat mij eens kijken, Aart! riep Fientje. Laat mij eens kijken!

Jij mag het bloemenhuisje hebben, Fientje, zei meneer Barre.

O, wat prachtig! riep Fientje.

Prachtige tekeningen, zei oom Hubert.

Liefhebberijtjes, zei meneer Barre. Wilt U thee?

Nee, nee, doet U geen moeite, zei oom Hubert. Of eigenlijk toch wel graag. We zitten hier gezellig.

Mag ik de andere tekeningen ook zien, meneer Barre? vroeg Fientje.

Maar natuurlijk, kind, zei meneer Barre. Hij gaf haar de map en ze ging samen met Aart op de divan zitten. Aart had zijn tekening naast zich neergelegd en hield haar met één hand vast.

Oom Hubert vertelde van de honden, die hij nog thuis had en van de honden, die hij vroeger had gehad en die hij nog zou krijgen. Ze dronken thee en meneer Barre herinnerde zich, dat hij nog boterkoeken in de kast had.

Na een uurtje sloeg oom Hubert zich de kruimels van het vest en zei, dat ze weer eens moesten opstappen. Hij zei: Ik hoop, dat Collie en U veel plezier van elkaar zullen hebben.

Daar zal het stellig niet aan ontbreken, zei meneer Barre.

Dan hartelijk bedankt voor de plezierige ontvangst, zei oom Hubert.

Mijn groeten aan mevrouw, zei meneer Barre. Dag jongens.

Dag meneer Barre, zei Fientje.

Dag meneer, zei Aart. Dank U nog wel. Hij hield de tekening tegen zich aan geklemd.

O ja, dank U nog wel, meneer Barre! riep Fientje.

Collie jankte zacht, toen de auto wegreed. Meneer Barre pakte haar bij de halsband en streelde haar over de kop. Hij zei: We blijven hier, Collie. We gaan niet mee. Het hindert niet, Collie, maar we gaan niet mee.

Ja, we zijn het nieuwe tehuis van Collie eens gaan bekijken, zei oom Hubert. Aardige man, die onderwijzer.

Je hebt natuurlijk voortdurend over je honden zitten praten, zei tante Minnie. Hubert vindt alle mensen aardige mensen, als hij er zijn hondenverhalen maar aan kwijt kan.

Ik zou die prachtige tekening maar op mijn kamer hangen, Aart, zei zijn moeder.

Ja, zei Aart, dat zal ik doen. Hij stond op en ging de kamer uit.

Is het een vriend van Matthias, die meneer Barre? vroeg oom Hubert.

Welnee, zei Aart's moeder. Ze hebben elkaar de vorige week voor het eerst ontmoet. Hij heeft hier gegeten en je weet, hoe dat met Matthias gaat. Die Barre schijnt trouwens ook nog wel van een borrel te houden.

Dat kun je aan zijn gezicht zien, zei oom Hubert. Enfin, dat soort mensen is bijna altijd goed voor dieren.

Matthias geeft anders niets om honden, zei tante Minnie.

Nee, zei oom Hubert, maar wel om paarden.

In ieder geval hebben ze hier de vorige week aardig

zitten drinken, hij en meneer Barre, zei Aart's moeder. Voor Matthias hindert dat niet, die kan er veel te goed tegen. Maar die meneer Barre schijnt er vroeger al eens een standje over te hebben gehad.

Is hij dan wel eens dronken op school gekomen? vroeg oom Hubert.

Niet dat ik weet, zei Aart's moeder.

Nou dan, zei oom Hubert.

Tante Minnie haalde een streng wol uit haar tas. Waar is Aart? vroeg ze. Aart zou me helpen ophouden.

Hij is zijn tekening gaan ophangen, zei zijn moeder.

Aart had in zijn kamer de tekening op tafel gelegd. Hij lag met zijn knieën op een stoel en leunde met zijn ellebogen op de tafel. De bomen stonden op de tekening aan weerszijden en op de achtergrond. De open plek was in het midden. Er was niemand te zien op de open plek. Het was er doodstil.

Fientje is verloofd, Aart! riep zijn moeder, toen Aart de kamer binnenkwam.

Mooi zo, zei Aart. Met wie?

Hoe heet die jongen nou toch ook al weer, zei zijn moeder. Waar is de brief? O ja, Jan Lambrecht. Hij heeft net eindexamen viool gedaan op het conservatorium. We komen Zaterdag naar U toe. Ik ben erg gelukkig, dat schrijft ze.

Goed zo, zei Aart. Moeder, Theo blijft koffie-drinken.

Waar is Theo? vroeg zijn moeder.

In de schuur, zei Aart. We gaan vanmiddag zwemmen in het meertje.

Als je maar voorzichtig bent, zei zijn moeder.

Het is toch ondiep, zei Aart. Je kunt overal staan. Kunnen we gauw gaan eten, Moeder?

Dadelijk, zei zijn moeder. Daar is Theo ook al. Dag Theo. Fientje is verloofd.

Wel gefeliciteerd, mevrouw, zei Theo. Dat is prachtig. Is het iemand hier vandaan?

Nee, zei Aart's moeder. Hij heet Jan Lambrecht en we kennen hem helemaal niet.

Nou ja, dat komt ook wel in orde, zei Theo. Eigenlijk is het zo ook veel aardiger. Op die mensen in het dorp hier raak je zo langzamerhand uitgekeken.

Ze komen Zaterdag, zei Aart's moeder. We zullen maar vragen of oom Hubert en tante Minnie en oom Matthias ook komen, dan kan Jan de hele familie in een keer afwerken. Kom jij ook, Theo?

Of moet je naar je ouders?

Heel graag, mevrouw, zei Theo.

Zullen jullie voorzichtig zijn met dat zwemmen, Theo? vroeg Aart's moeder.

O ja, mevrouw, zei Theo. Je komt nergens verder dan tot je middel. Het gaat trouwens meer om het fietsen dan om het zwemmen.

Ja, wat bezielt jullie eigenlijk om zo'n eind weg te gaan? vroeg Aart's moeder.

Nog geen veertien kilometer, als we het pad door het domein nemen, zei Aart.

Misschien gaan we wel helemaal niet zwemmen, zei Theo. Misschien gaan we gewoonweg in de hei liggen.

Hoe gaat het met meneer van Olst, Theo? vroeg Aart's moeder.

Meneer van Olst heb ik op zijn nummer moeten zetten, zei Theo. Meneer van Olst schijnt zich te verbeelden, dat hij zich tegenwoordig met mijn huiswerk moet bemoeien. Ik heb gezegd: Dat is het toppunt. Hij zei: Voer je wel genoeg uit? Ik heb gezegd: Voer jij wel genoeg uit in de gemeenteraad?

Maar Theo! riep Aart's moeder, hoe durf je? En wat is dat eigenlijk met die gemeenteraad?

Van Olst is toch wethouder, Moeder, zei Aart.

Van Publieke Werken, zei Theo. Ik heb gezegd: Jullie breken een straat open om een lek in de waterleiding te maken en jullie breken hem veertien dagen later weer open voor een lek in het gas.

Dat is echt gebeurd, Moeder, zei Aart.

Maar dat kan die arme man toch niet helpen? zei Aart's moeder.

Ach mevrouw, het is zo'n nare man, zei Theo. U weet niet half, hoe naar.

Maar zijn vrouw is heel aardig, hè Theo? zei Aart's moeder.

Mevrouw van Olst is bijzonder aardig, zei Theo.

Ik vind meneer van Olst trouwens een heel aardige man, zei Aart's moeder.

Mevrouw, U kent hem niet, zei Theo.

Ik heb hem wel eens ontmoet, zei Aart's moeder.

Mevrouw, U kent hem slecht, zei Theo.

Het is ook niet alles om zo'n lastig pak van een jongen in huis te hebben, zei Aart's moeder.

Lastig, mevrouw? Hoe kunt U dat nu zeggen. Hoe kunt U dat nu in ernst zeggen.

Zullen we gaan koffiedrinken? vroeg Aart.

Geeft U nog een feest voor de verloving van Fientje? vroeg Theo.

Dat weet ik nog niet, zei Aart's moeder.

Zaterdag over een week is er een feest bij ons in de familie, zei Theo.

Er zijn, geloof ik, nogal wat feesten in die familie van jou, zei Aart's moeder.

Veel, zei Theo. Heel veel. En ik mis er nooit een. Mijn neef Thomas en ik, wij gaan naar alle feesten in de familie.

En dan maken jullie de boel toe, zei Aart's moeder.

Ja, zei Theo en dan gaan we de volgende dag rond om te vragen, of er nog boze gezichten zijn.

We zouden eigenlijk best een feest kunnen geven, zei Aart.

We zullen wel eens zien, zei zijn moeder. Ze moeten eerst maar eens hier geweest zijn. Misschien

houdt Jan wel helemaal niet van feesten.
Welke Jan? vroeg Aart.
Fientje's verloofde toch, zei zijn moeder.
O ja, zei Aart.

Ze lagen een paar uur later naast elkaar in de hei
na het zwemmen.
Nu nog veertien kilometer terug, zei Theo. Het
meertje had eigenlijk middenin het bos moeten lig-
gen. Dat zou nog veel mooier zijn geweest.
Ja, zei Aart.
Daar komen een paar fietsers langs het pad, zei
Theo.
Aart ging overeind zitten. Hij zag, dat een jongen
en een meisje hun richting uitkwamen. Hij bleef
zitten kijken, tot ze vlak bij waren. Toen stak hij
zijn hand op.
Ha, Aardenburg, zei de jongen en stapte af.
Hui Chris, zei Aart.
Hoe gaat het er mee? vroeg de jongen.
Met mij best, zei Aart.
Je zit op de H.B.S., niet? vroeg de jongen.
Ja, zei Aart.
Welke klas? vroeg de jongen.
Vierde, zei Aart. Jij zit op de Mulo, niet?
Ja, zei de jongen. Ook vierde. Ik ga er van 't zo-
mer af.
Wat ga je doen? vroeg Aart.
Bij mijn vader, zei de jongen.
Is dat je meisje? vroeg Theo.
Gaat het jou wat aan? vroeg de jongen.

86

Je vader heeft een wasserij, niet? vroeg Aart.

Ja, zei de jongen.

Zie je nog wel eens jongens van vroeger? vroeg Aart.

Er zitten een heel stel op de Mulo, zei de jongen.

Wanneer krijgen jullie vacantie? vroeg Aart.

We krijgen eindexamen, zei de jongen. Over drie weken.

O, zei Aart.

Ik stap weer eens op, zei de jongen. Nou, saluut!

Saluut! zei Aart.

Goeiemiddag! riep Theo. En de groeten aan je meisje!

De jongen draaide zich om. Hij zei: Je kunt een pak op je donder krijgen, stuk ouwehoer!

Hou je bek nou, zei Aart tegen Theo. Nou, saluut, zei hij tegen de jongen.

Saluut, zei de jongen. Hij stapte op zijn fiets. Het meisje stapte ook weer op en ze reden samen weg, het bos in.

Keurige jongeheer, zei Theo. En die twee hebben samen een potje liggen vrijen in de hei. De jurk van de jongedame zat vol sprieten.

Best mogelijk, zei Aart.

Waarom noemde hij jou Aardenburg? vroeg Theo.

Zo noemden ze me vroeger op de lagere school, zei Aart.

Waarom? vroeg Theo.

Weet ik niet, zei Aart.

Ik zou liever in het bos liggen vrijen dan op de hei, zei Theo.

Zo, zei Aart.

Ik zou een hoge, dikke boom uitzoeken, zei Theo

en daar zou ik onder gaan liggen. Of een boom, waarvan de takken tot dicht bij de grond komen. Net een bed met een hemel.

Zullen we zo langzamerhand maar naar huis gaan? vroeg Aart.

Dat is best, zei Theo.

Ze stonden op, pakten hun fietsen en reden weg. Ze reden achter elkaar, eerst over de hei en later door het bos, Theo voorop, Aart achter hem aan.

't Gaat lekker, hè! riep Theo, toen ze zo een tijd hadden gereden.

Ja! riep Aart. We gaan heuvel af!

Die vriend van je rijdt voor ons uit met zijn meisje! riep Theo. Zullen we ze inhalen?

Mij best! riep Aart.

Theo boog zich over zijn stuur en begon harder te rijden. Aart volgde hem. Hij keek langs Theo heen en hij zag, dat de jongen en het meisje al bijna waren ingehaald. Theo belde geweldig en even later stoven ze langs de twee heen.

Hé, Aardenburg! riep de jongen.

Aart keek om en stak zijn hand op. Hij zag, dat de jongen hem wenkte.

Aart remde af en de jongen en het meisje haalden hem in. Wat is er? vroeg Aart.

Heb je zin om vanavond een eindje te gaan fietsen? vroeg de jongen. Zij komt ook mee en hij wees op het meisje. Ze brengt een vriendin mee. Het meisje knikte.

Goed, zei Aart.

Vanavond om half acht bij het begin van het bos, zei de jongen.

88

Goed, zei Aart.

Dan fietsen we dit pad een eind af, zei de jongen.

Goed, zei Aart.

Die rare kwibus daar moet je niet meenemen, zei de jongen en hij wees op Theo.

Nee, zei Aart.

Nou, dat is dan afgesproken, hè, zei de jongen.

Ja, zei Aart. Saluut.

Saluut! zei de jongen. Om half acht, hè.

Ja! schreeuwde Aart. Hij trapte hard om Theo weer in te halen.

Wat had die vent nog? vroeg Theo, toen ze weer bij elkaar waren.

O, niets, zei Aart.

Aart keek op de klok. Het was kwart over zeven.

Hij zei: Ik ga nog een eindje fietsen.

Waar je nog zin in hebt, zei zijn moeder. Je hebt de hele middag al gefietst. Is je huiswerk af?

Alles af, zei Aart. Ik ga nog een klein eindje om. Het is mooi weer.

Hij haalde zijn fiets uit de schuur en reed door de laan in de richting van het bos. Bij het begin van het pad stonden ze met zijn drieën op hem te wachten.

Aart stak zijn hand op en zei: Hui!

Hui! zei de jongen.

Daar ben ik, zei Aart.

Zullen we maar een eindje gaan fietsen? vroeg de jongen.

Dat is best, zei Aart.

Ga jij dan met Grada, zei de jongen.

Ze stapten alle vier op. De jongen reed met het ene meisje vooruit. Aart volgde met het andere. Niemand zei iets. Na een minuut of tien werd het pad gekruist door een ander pad. De jongen draaide zich om en riep: Wij gaan deze kant in. Nemen jullie de andere kant maar.

Aart zei niets. Het meisje, dat naast hem reed, sloeg het pad linksaf in. Aart volgde haar. Hij bleef achter haar aanrijden, tot ze zo langzaam fietste, dat hij weer naast haar kwam.

Waar zullen we heengaan? vroeg Aart.

'k Weet niet, zei het meisje. 'k Wil niet zo ver.

Hoe niet ver? vroeg Aart. Een half uur die kant uit?

O je, zei het meisje. Veel te ver.

Dicht bij is een open plek in het bos, zei Aart.

Waar is dat? vroeg het meisje.

Nog een eindje verder door, zei Aart. Een minuut of vijf. Het is die plek, waar die twee bomen staan met een knik in de stam.

Dat weet ik niet, zei het meisje. Als het maar niet te ver is.

We zijn er zo, zei Aart.

Fiets jij hier vaak? vroeg het meisje.

O, ja, zei Aart.

Alleen? vroeg het meisje.

Soms, zei Aart. We moeten hier afstappen en dan een eindje lopen.

Waarom? vroeg het meisje. Kunnen we hier niet gaan zitten?

We zouden toch naar de open plek gaan? zei Aart.

Nou, goed dan, zei het meisje. Als het maar niet te ver is.

Het is vlakbij, zei Aart.

Ze liepen met hun fiets aan de hand door het bos.

Daarginds, zei Aart. Die lichte plek daar. Dat is het.

Ze zetten hun fietsen tegen een boom en ze bleven naast elkaar staan.

Wou je hier gaan zitten? vroeg het meisje.

Goed, zei Aart.

Ze gingen naast elkaar op de grond zitten.

Daarginds staan die twee stammen met een knik er in, zei Aart. Zie je wel?

O, zei het meisje.

Ben jij ook op de mulo? vroeg Aart.

Ja, zei het meisje.

In welke klas? vroeg Aart.

In de derde, zei het meisje. Waarom noemen ze jou Aardenburg?

Zomaar, zei Aart. Vroeger, op de lagere school.

Jij bent vroeger op school geweest in de Dorpslaan, hè? zei het meisje.

Ja, zei Aart.

Ik niet, zei het meisje. Ik ben op de school bij het station geweest.

O, die, zei Aart.

Heb je hier wel eens meer met meisjes gefietst? vroeg het meisje.

Nee, zei Aart.

Waarom wou je hier naar toe? vroeg het meisje.

Zomaar, zei Aart. Hij liet zich achterover vallen, zijn handen onder zijn hoofd gevouwen. Het had 's middags nog gewaaid, maar de wind was gaan liggen. Het was doodstil. De toppen van de bomen waren doodstil.

Aart hoorde, dat het meisje iets tegen hem zei. Hij ging rechtop zitten. Hij vroeg: Wat zeg je?

Ik moet naar huis, zei het meisje.

Dan gaan we maar, zei Aart.

Ze pakten hun fietsen weer, liepen naar het pad en reden weg. Toen ze bij de grens van het bos waren gekomen, zei het meisje: Ik ga verder alleen. Ze mogen me niet zien met een jongen.

O, zei Aart.

Nou dag, zei het meisje.

Dag, zei Aart.

Het meisje fietste weg. Aart ging aan de rand van het bos onder een boom zitten en keek haar na. Na een tijdje keek ze om. Ze zwaaide met haar arm. Aart stond op en zwaaide terug. Het meisje fietste door. Bij een bocht in de weg zwaaide ze nog eenmaal. Aart stak zijn arm op. Toen was ze verdwenen.

Aart nam zijn fiets en reed langs het bos, tot hij bij het land van Albert kwam. Daar zette hij de fiets tegen het hek. Hij liep het bos in, tot hij bij de open plek van Aardenburg was gekomen. De planken brug was verdwenen. De gracht was trouwens dichtgegroeid en de muren in elkaar gezakt, maar de bomen zagen er nog net zo uit als vroeger.

Daar komen ze aan, zei Aart.

Waar, waar? vroeg zijn moeder. Ze liep naar het raam. De auto zwenkte juist het hek binnen en reed tot voor de deur. Eerst sprong Fientje er uit en toen een jongeman. Albert reed met de auto langs het huis naar achteren.

Dat is hem nou, zei Aart's moeder. Ze liep vlug de gang in. Aart bleef in de kamer staan. Hij hoorde de voordeur opengaan en hij hoorde de stemmen van Fientje en van zijn moeder. Even later kwamen ze in de kamer.

En dit is Aart, zei zijn moeder.

Dag Aart, zei Jan Lambrecht.

Dag Jan, zei Aart.

Dag Aart! riep Fientje. Zou je ons niet eens feliciteren?

O, ja, zei Aart, dat is waar ook. Wel gefeliciteerd.

Zo, zei zijn moeder. En gaan jullie nu toch zitten. Ik zal thee inschenken.

Dat zal ik wel doen, Moeder! riep Fientje. Lamme, ga jij nou bij het raam zitten. Hoe vind je hem, Moeder?

Aardig hoor, zei haar moeder. Hoe noemde je hem zoeven? Lamme?

O ja, zei Fientje. Lamme. Vindt U het gek?

Ach nee, zei haar moeder. Als Jan het zelf maar niet gek vindt.

Nee hoor, zei Jan.

Is oom Matthias er niet? vroeg Fientje. Ik dacht, dat die hier tegenwoordig iedere Zaterdag was.

Hij komt nog, zei haar moeder. Oom Hubert en tante Minnie ook.

Allemachtig, zei Fientje. De hele troep.

Ik dacht, dat het voor Jan prettiger zou zijn om ze allemaal in één keer af te werken, zei haar moeder.

Theo komt ook nog, het vriendje van Aart. Je vindt het toch wel goed, Jan?

O, maar natuurlijk, zei Jan.

Theo is een aardige jongen, zei Fientje.

Ga hem maar roepen, Aart, zei zijn moeder. Theo heeft zich namelijk bescheiden teruggetrokken in de schuur.

Wat lief, zei Fientje. Theo is anders zo bescheiden niet.

Aart kwam met Theo terug.

Dag Fientje, zei Theo. Hartelijk gefeliciteerd met je verloving.

Dank je wel Theo, zei Fientje. Dit is Jan.

Dag meneer, zei Theo. Hartelijk gefeliciteerd.

Hij mag gerust Jan zeggen, hè Lamme, zei Fientje.

Ja hoor, zei Jan.

Ik heb nog bloemen gestuurd ook, zei Theo.

O Theo, wat vreselijk aardig van je! riep Fientje. Maar waar zijn ze dan? Of moeten ze nog komen?

Ik heb ze in de tuinkamer zien staan, zei Theo. Ik dacht, ik zal het maar even zeggen.

Ik heb eigenlijk ook bloemen, zei Aart.

O, Aart, wat lief van je! riep Fientje. Maar waar zijn die dan toch? Wat zijn jullie toch een paar rare jongens. Hoe kan ik nou ruiken, dat jullie bloemen sturen, als je ze meteen verstopt?

Ik heb ze op je kamer boven neergezet, Fientje, zei Aart.

O, Aart, wat is dat lief van je! riep Fientje. We zullen meteen gaan kijken, hè Lamme? We gaan meteen het hele huis bekijken. Wie weet wat we nog in de andere kamers vinden.

Een aardig iemand, mevrouw, zei Theo, toen de twee verloofden de kamer uit waren.

Ja, dat geloof ik ook, zei Aart's moeder.

Wat gaat er nu vanmiddag verder gebeuren, mevrouw? vroeg Theo.

Straks komt de rest van de familie, zei Aart's moeder. Maar dat vinden jullie misschien niet zo leuk. Hebben jullie geen zin om een eindje met de auto te gaan rijden? Albert zal er nog wel zijn.

Misschien willen Fientje en Jan wel mee, zei Aart. Dan kunnen we Jan de buurt eens laten zien.

Ga het ze maar vragen, zei zijn moeder.

Aart ging onder aan de trap staan. Hij riep naar boven: Gaan jullie mee een eindje met de auto rijden?

We komen er aan! riep Fientje. Wat is er aan de hand? vroeg ze.

Of jullie meegaan een eindje rijden met de auto, zei Aart. Theo en ik gaan ook mee. Dan kan Jan de buurt eens zien.

O ja, zei Fientje. Dat is leuk, hè Lamme. Je moet alles zien. Hoe laat moeten we terug zijn, Moeder?

Over een uurtje zullen de anderen wel komen, zei haar moeder.

Waar gaan we heen, jongens? vroeg Fientje, toen ze buiten bij de auto stonden. Naar het bos, Aart?

We zullen Jan eerst het dorp laten zien, zei Aart. Ze reden linksaf het hek uit.

Daar, op die school, Lamme, riep Fientje, daar ben ik op geweest. Aart ook trouwens.

Gaan we ook nog langs de H.B.S.? vroeg Theo. Voor mij hoeft het anders niet, hoor.

We zullen langs het huis van meneer van Olst rij-
den, hoor Theo, zei Fientje.
Alsjeblieft niet, zei Theo.
Wie is meneer van Olst? vroeg Jan.
Een heel aardige man, waar Theo bij in huis is, zei
Fientje. Heb je nog altijd ruzie met meneer van
Olst, Theo?
Ik heb hem gisteravond mijn kamer uitgestuurd,
zei Theo. Hij had de brutaliteit om mij mijn schei-
kunde te willen overhoren. Ik heb gezegd: Man, jij
weet alleen maar het verschil tussen keukenzout en
soda, omdat je altijd met je neus vooraan in de keu-
ken staat.
Wie groette ons daar, Aart? vroeg Fientje.
Bolhuis, zei Aart.
De behanger? vroeg Fientje.
Ja, zei Aart.
Er verandert hier toch ook niet veel, zei Fientje.
Aan de andere kant zijn een heleboel villa's bijge-
bouwd, zei Aart.
Die interesseren ons niet, zei Fientje. Hè Lamme,
zullen we nog even naar het bos gaan kijken?
Ze reden terug in de richting van het bos.
Aart! Het kleine bosje is weg! riep Fientje.
Ja, zei Aart, dat hebben ze van het najaar gerooid
en geploegd. Daar, waar die lupine staat, daar is
het geweest.
Je kunt nu helemaal van de weg af naar jouw huis
kijken, Albert, zei Fientje. Hoe vindt je het?
Ik vind het wel plezierig, juffrouw, zei Albert. Dat
akelige, miezerige bosje, daar had niemand wat
aan. We hebben nou meer zicht gekregen.

Hoe gaat het met Marie, Albert? vroeg Fientje.
Best, juffrouw, best, zei Albert. Er gaat al gauw
een kleintje komen.
Zo, zo, zei Fientje.
Ja, juffrouw, zei Albert, zo gaat het.
Pas op, Albert! riep Fientje. Daar rijdt een paartje
voor ons uit. Een beetje langzamer maar. We jagen
zo'n hoop stof op.
Ze passeerden een jongen en een meisje, die naast
elkander fietsten.
Dat is die jongen van laatst, Aart! riep Theo.
Welke jongen? vroeg Fientje.
Chris van de wasserij, zei Aart.
En wie is dat meisje? vroeg Fientje.
Weet ik niet, zei Aart.
Daar zijn we bij het bos! riep Fientje. Zie je wel,
Lamme, dat is nu het bos.
Het is prachtig, zei Jan. Het is een mooie afsluiting
van het dorp en het bouwland.
Zullen we stoppen en er een eindje inlopen? vroeg
Fientje. Dan kunnen we meteen het land van Al-
bert gaan zien, hè Albert. Heb je wat moois om ons
te laten zien, Albert?
De rogge staat er niet kwaad bij, zei Albert. Als
meneer daar plezier in heeft?
Meneer heeft overal plezier in, zei Fientje, hè Lam-
me? Aart, jij hebt hier vroeger nog eens een kasteel
gebouwd. Dat kunnen we ook gaan bekijken. O,
het is hier vol bezienswaardigheden, Lamme. Aart,
hoe is het toch met die meneer Barre afgelopen?
Weg, zei Aart.
Meneer Barre dronk een borreltje te veel, zei Albert.

Nou, het was een aardige man, zei Fientje. We hebben nog eens een tekening van hem gehad. Heb jij de jouwe nog, Aart?

Ja, zei Aart.

De mijne is weg, zei Fientje. Kijk, daar komt die jongen met dat meisje ook weer aan.

Ha, Aardenburg! riep de jongen.

Hui! riep Aart.

Aardenburg, zei Fientje. Dat is waar ook. Ze noemden jou Aardenburg. Ach, wat is het allemaal toch plezierig. Vooruit Aart, we gaan naar je kasteel. Loop jij maar voorop.

Aart liep voorop langs het pad. De bomen stonden aan weerszijden.

Waar is Aart toch? vroeg zijn moeder. Theo, heb jij Aart niet gezien?

Hij moest nog even naar het land toe, mevrouw, zei Theo. Hij is zowat een half uurtje geleden weggegaan.

Ik loop er eens even heen, zei oom Matthias. Gaat er nog iemand mee?

Wij zijn er vanmiddag al geweest, oom Matthias, zei Fientje.

Jij, Hubert? vroeg oom Matthias.

Ik heb veel te lekker gegeten, zei oom Hubert.

Jij, Theo? vroeg oom Matthias.

Nou, meneer, zei Theo.

Je hoeft niet, hoor, zei oom Matthias.

Eigenlijk toch wel graag, zei Theo. Maar zouden we dan niet liever op de fiets gaan?

Dat is een idee, zei oom Matthias.

Zullen we niet liever eerst naar het huis van Albert gaan? vroeg Theo, toen ze de laan een eind waren uitgefietst.

Ach nee, zei oom Matthias. Dan krijgen we Albert weer mee. Die man praat alleen maar over rogge en mest. Laten we maar tot het bos fietsen en dan er verder langs. Wat zijn er toch veel jongelui op de weg, of verbeeld ik me dat?

Allemaal paartjes, zei Theo.

Enfin, zei oom Matthias, gezonder dan de bioscoop.

Goedkoper ook, zei Theo. Allemaal naar het bos. Het bos is een uitkomst.

Dat zal wel, zei oom Matthias. Zullen we hier rechtsaf gaan? Dan rijden we tot het land van Albert en dan pikken we daar Aart op.

Ze fietsten langs het bos, tot ze bij het roggeveld kwamen.

Hij is er niet, zei oom Matthias.

Daar staat zijn fiets, meneer, zei Theo. Daar, tegen het hek.

Ja waarachtig, zei oom Matthias. Waar zou die jongen toch zitten?

Aart! Aart! riep Theo. Er kwam geen antwoord.

Hij is misschien met Albert mee, zei oom Matthias. Laten we hier maar aan de kant gaan zitten. Hij moet toch terugkomen, om zijn fiets te halen.

Ze gingen naast elkaar op de rand van de greppel langs de weg zitten.

Waar blijft die jongen toch? zei oom Matthias na een tijdje.

Hij is misschien zijn fiets vergeten, zei Theo.
Mogelijk, zei oom Matthias. Kom, we gaan weer naar huis. Het wordt me hier te fris.
Hij sprong overeind en terwijl hij zijn broek afsloeg, draaide hij zich om. Hij zei: Wel verdomme!
Hij zag op een paar meter van zich af Aart tegen een boom staan.
Daar staat Aart, zei oom Matthias tegen Theo.
Wel allemachtig, zei Theo.
Gaan jullie naar huis? vroeg Aart.
Ja, zei oom Matthias. Wat voer jij daar uit?
Ik stond te kijken, zei Aart.

Kom, Lamme, zei Fientje. Het is half vijf. We komen anders te laat.

Familieraad rond de jeneverkruik van oom Matthias, zei Lamme.

Hindert toch niet, Lammetje? vroeg Fientje.

Nee, zei Lamme. Het hindert juist helemaal niet. Dat is het grappige bij jullie. Waar is Aart?

Ik heb Aart om twee uur met een zicht naar het land zien gaan, zei Fientje.

Een zicht, zei Lamme. Een zicht is een krom mes aan een steel, hè?

Een krom mes aan een steel, zei Fientje. Hoe ben ik eigenlijk met jou komen te trouwen, Lammetje? Kom, we lopen langs de rogge en we nemen Aart mee.

Ze waren aan de grens van het bos gekomen en ze liepen langs het roggeveld.

Een bos is toch eigenlijk het mooist, als het ophoudt, zei Lamme.

Zal wel, zei Fientje. Ach ja, het is natuurlijk mooi met die bomen en die rogge en zo.

Hindert niet, hoor Fientje, zei Lamme.

Daar staan Aart en Albert, zei Fientje. Ze riep: Aart! Ga je mee!

Ja! riep Aart.

Hij blijft maar doormaaien, zei Lamme na een tijdje.

Hij moet die ene baan afzichten, zei Fientje. Anders raakt Albert in de knoop.

Wie is dat meisje, dat achter hen aanloopt om bossen te maken? vroeg Lamme.

Het heet schovenbinden, Lamme, zei Fientje. En het meisje is een nichtje van Albert.

Albert heeft toch twee dochters? vroeg Lamme. Doen die niet mee?

Marie is getrouwd en Mina is op de kweekschool, zei Fientje.

Wat doet Aart nu? vroeg Lamme. Hij staat met een hamer of zoiets op zijn zeis te slaan.

Hij is zijn zicht aan het haren, zei Fientje. Hij is zeker met zijn zicht op een steen gestoten en hij moet er een braam uitslaan.

Vast en zeker, zei Lamme. Hij maakt anders niet de indruk van veel haast te hebben.

Boerenwerk gebeurt nooit haastig, zei Fientje.

Mijn werk ook niet, zei Lamme. Ik ben geen boer, maar mijn werk gebeurt ook nooit haastig. Laten we in deze droge sloot gaan zitten.

Droge sloot, zei Fientje. Vooruit, Lamme, laten we dan maar heel rustig in jouw droge sloot gaan zitten.

Heet zo'n ding dan ook al weer anders? vroeg Lamme.

Een greppel, Lamme, zei Fientje. Hindert niet, hoor. Ik hou toch van je.

Aart gaat weer maaien, zei Lamme. Hij doet het goed.

Hoe weet jij dat? vroeg Fientje.

Hij heeft een goede houding, zei Lamme. Waarom gaat die jongen eigenlijk studeren? Is dat een idee van oom Matthias?

Weet niet, zei Fientje. Zullen het wel horen straks.
Wat wou jij hem laten doen?

Een reis laten maken, zei Lamme. Van een jaar of
zo. En dan weer hier terug. Ach wat, laat hem ook
maar studeren. Wat studeren eigenlijk?

Rechten, geloof ik, zei Fientje.

Zegt oom Matthias? vroeg Lamme.

Zegt oom Matthias, zei Fientje. Daar komt Aart.

Gaan we naar huis? vroeg Aart. Gezellig dat je er
bent, Jan.

Zo gezellig, als er weer eens iemand Jan tegen je
zegt, hè Lamme, zei Fientje. Waarom noem ik je
eigenlijk Lamme, Lamme?

Ik zal wel een goedzak zijn, zei Lamme.

Ben je ook, Lamme, zei Fientje. Ben je ook.

Ze liepen langs het weggetje in de richting van het
huis van Albert.

Daar komt een kar aan, zei Lamme. Wie is dat?

Dat is de sprokkelman, zei Fientje. Hij gaat naar
het bos om hout te sprokkelen.

Rare tijd van het jaar, zei Lamme. Wie sprokkelt
er nu in Augustus? Of weet ik het soms weer niet?

Nee hoor, Lamme, zei Fientje. Dat was een heel
verstandige opmerking van je. Maar de sprokkelman is niet goed wijs, zie je.

Wat doet de sprokkelman nog meer dan sprokkelen? vroeg Lamme.

Schillen halen, zei Fientje. 's Ochtends schillen halen en 's middags sprokkelen. Hij heeft zijn hond
bij zich, zie je wel, Lamme? Zijn hond zit naast
hem op de bok. Zijn hond is ook niet wijs. De
sprokkelman praat altijd aan een stuk door met

zijn hond. Je zult het straks wel horen, als ze langs ons komen.

Is zijn paard ook niet wijs? vroeg Lamme.

Het paard is heel verstandig, zei Fientje. Ze zeggen, dat het paard van de sprokkelman alles thuis regelt en alles doet, behalve zichzelf inspannen.

De kar was ondertussen vlakbij gekomen. De sprokkelman hief zijn zweep op om te groeten.

Hui! riep Aart.

Dag juffrouw en meneer! riep de sprokkelman.

Dag sprokkelman! riep Fientje.

Dag juffrouw en meneer! riep de sprokkelman opnieuw. Dat waren juffrouw en meneer, hoorden ze hem zeggen. Dat waren juffrouw en meneer. Dat waren juffrouw en meneer. Het praten werd door het gekraak van de kar overstemd.

Dat zegt hij tegen zijn hond, hoor je wel, Lamme, zei Fientje. En toch heeft die sprokkelman in dat gebroken hoofd van hem meer sporen van grandseigneurschap dan het hele dorp hier bij elkaar. Als ze in het dorp mij met Aart tegenkomen, wordt Aart altijd het eerst gegroet, behalve door de sprokkelman.

Ze kwamen bij het huis van Albert.

Lopen jullie maar vast door, zei Aart. Ik moet mijn zicht even wegbrengen. Ik ben op de fiets. Ik haal jullie wel in.

Over grandseigneurschap gesproken, zei Lamme, ik vind, dat Aart er ook wel wat van heeft. Als bijvoorbeeld je moeder tegen me zegt, dat ze het gezellig vindt, dat ik er ben, dan doet dat plezierig aan, want je weet, dat ze het precies zo meent. Bij

Aart is dat ook zo, maar dan komt er toch nog iets bij. Bij Aart is het tegelijkertijd ook nog een soort gunstverlening. Niet verwaand, maar heel natuurlijk en vanzelfsprekend. Bij Aart heb ik altijd het gevoel, dat hij aan het hoofd staat van een troep volgelingen, horigen, of wat ook. En dat gevoel had ik ook al, toen ik hem voor het eerst zag en hoe oud was de jongen toen helemaal. Ruim twee jaar geleden, hè?

Aart is nu negentien, zei Fientje. Dus toen zeventien. Ik vind hem tussenbeide nog al eigengereid, maar ik kan me toch ook wel voorstellen, dat hij op jou de indruk maakt, die je zo net noemde. Vooral dat gunstbewijs, daar kan ik toch wel inkomen.

Hij is ook helemaal niet gesloten, zei Lamme. Sommige mensen zullen wel denken, dat Aart gesloten is, omdat hij vaak zo weinig zegt. Maar dat is het niet.

Nee, zei Fientje.

Dat is het niet, zei Lamme. Het is ook niet, dat hij te weinig te zeggen heeft. Het is eigenlijk net, alsof hij nog een ander gezelschap bij zich heeft, waar hij tegen moet praten. Misschien die volgelingen.

Misschien wel, zei Fientje.

Aart haalde hen in.

Heb je eigenlijk zin om te gaan studeren, Aart? vroeg Lamme.

Och, jawel, zei Aart.

Of kan het je niet schelen? vroeg Lamme.

O, jawel, zei Aart. Ik vind het best.

Je moet zeker op kamers gaan wonen, zei Lamme.

Ja, zei Aart. Dat schijnt de bedoeling te zijn.

Daar schijnt tante Minnie al voor gezorgd te hebben, zei Fientje.

Is tante Minnie er ook? vroeg Aart.

Ze zijn vanmiddag gekomen, zei Fientje. Tante Minnie en oom Hubert. En tante Minnie heeft kamers voor je gezocht.

Mooi, zo, zei Aart.

Wanneer moet je er heen? vroeg Lamme.

Over een paar weken, geloof ik, zei Aart.

Half September, zei Fientje. De groentijd begint half September. Dat zegt oom Matthias tenminste.

Moet Aart groen worden? vroeg Lamme.

Het heet groen lopen, Lammetje, zei Fientje. Ja, Aart moet groenlopen. Zonder groenlopen schijn je niet zalig te kunnen worden, tenminste volgens oom Matthias.

Ik vind het best, zei Aart.

Je moet, voor het zover is, nog een paar dagen bij ons komen logeren, hè Fientje? zei Lamme.

Heel graag, zei Aart. Dat zal ik vast en zeker doen.

Wel ja, zei Fientje. Doe dat maar. En trek je vooral niet te veel aan van die studeerderij en die groenloperij. Oom Matthias is een beste man, maar hij heeft zijn hele leven nooit veel anders gedaan dan de interessante leegloper uithangen. Ofschoon, dat moet ik toegeven, hij heeft moeder altijd met allerlei dingen geweldig goed geholpen. Oom Matthias is de beroerdste niet. Ach, we zijn geen van alle de beroerdste. We zijn allemaal aardige mensen, hè Lammetje?

Wel ja, zei Lamme.

Mooi, zei Fientje. En dan gaan we nu allemaal gezellig zitten luisteren naar de wijsheid van oom Matthias en naar de moederlijke beschikkingen van tante Minnie. En we gaan een gezellig borreltje drinken, hè jongens, hè Lammetje. Je moet straks maar eens een gezellig borreltje gaan drinken.

Hele mooie kamers, zei tante Minnie. Hele rustige, prettige kamers aan de achterkant op de tweede etage. De huizen er om heen zijn veel lager. Je kunt vanuit je raam over de daken kijken. Ik denk, dat het je heel goed zal bevallen, Aart.

De groentijd begint op zeventien September, zei oom Matthias. Je gaat maar naar de sociëteit en je laat je maar inschrijven. De rest komt vanzelf.

Is dat nou nodig, die groenloperij? vroeg Lamme.

Maar Lamme, hoe kun je dat nu vragen! riep Fientje. Natuurlijk is dat nodig.

Anders kan Aart geen corpslid worden, Lamme, zei tante Minnie.

Nou, ik vind het prachtig, hoor, zei Lamme.

Wil jij een borrel, Lamme? vroeg oom Matthias.

Graag, oom Matthias, zei Lamme.

We moesten na den eten nog een eindje omrijden, zei tante Minnie. Het is zulk prachtig weer.

We kunnen naar het bos rijden en daar een wandeling gaan maken, zei oom Matthias.

Hè, altijd dat bos, zei tante Minnie. Is er niets anders te bedenken? Iets leuks?

Voor mij is het bos mooi genoeg, zei oom Matthias. Hè, Aart?

Ja, zei Aart.

Jullie kunnen ook naar de bioscoop gaan, zei Aart's moeder.

Hèja, zei Fientje. Laten we dat doen. Goed, Lamme?

Ja hoor, zei Lamme.

Wie gaan er nog meer mee, zei Fientje. Tante Minnie? Ja. Oom Hubert? Ja. Oom Matthias? Nee. Moeder?

Ik blijf thuis, zei haar moeder.

Aart? vroeg Fientje. Ga je met ons mee of met oom Matthias?

Oom Matthias blijft thuis, zei oom Matthias. Ik kom jullie vanavond wel halen.

Dan Aart met ons mee, zei Fientje. Goed, Aart?

Ja, zei Aart.

Reuze gezellig, jongens! riep Fientje. Ik heb net het gevoel, of ik ga studeren in plaats van Aart. Waarom gaat Aart eigenlijk rechten studeren, oom Matthias?

Met rechten kun je alle kanten uit, hè Matthias? zei tante Minnie.

Ja, zei oom Matthias. Drink eens uit, Lamme.

Een halfje is genoeg, Lamme, zei Fientje.

Laat die jongen toch, zei oom Matthias.

Prachtige kamers, Aart, zei tante Minnie. Je moet de volgende week maar eens gaan kijken.

Aart komt de volgende week bij ons logeren, zei Lamme.

Dat is leuk, zei Aart's moeder.

108

Het zal een hele verandering voor U zijn, als Aart het huis uit is, zei Lamme.

Ik zal er wel aan wennen, zei Aart's moeder. En jullie moeten maar veel komen.

Ja hoor, zei Fientje.

Voor Aart zal het ook een hele verandering zijn, zei Lamme. Zo vanuit het bos naar de stad.

Doe niet zo somber, Lammetje! riep Fientje.

Er bestaan geen veranderingen, zei oom Matthias. Het is allemaal hetzelfde. Waar je ook bent, het is allemaal hetzelfde.

Wat zijn jullie vrolijk! riep Fientje. Oom Hubert, vertelt U liever eens hoe het met de honden gaat.

O, verschrikkelijk! Hou op! riep tante Minnie. Je moet hem niet aanmoedigen, Fientje. We hebben er zes op het ogenblik, maar voor mij zijn het er zes te veel.

Lamme, nou niet meer! riep Fientje. Voor jou is zes ook te veel.

We gaan dadelijk eten, zei haar moeder.

We zullen er een glaasje wijn bij drinken, zei oom Matthias.

Op het succes van Aart's studie! riep Lamme.

Dat is best, zei Aart.

Ach, dat uitzicht, daar went U wel aan, zei de juffrouw.

Dat zal wel gaan, zei Aart.

Hij stond naast zijn hospita voor een van de twee ramen van zijn kamer en hij keek uit over daken van huizen.

U moet denken, het zijn de huizen aan de steeg hiernaast, de Bethlehemsteeg, zo gezegd, zei de juffrouw.

Wat zijn er veel schoorstenen, zei Aart.

U zult heus geen last hebben van de rook, zei de juffrouw.

Dat bedoel ik niet, zei Aart. Ik vind het nog wel een aardig gezicht.

O, jawel, zei de juffrouw. Nou meneer, als U wat nodig hebt, dan zegt U het maar gerust, hoor.

Dank U wel, zei Aart. Ik zou wel wat thee willen hebben.

Ik zal U zo meteen een potje brengen, zei de juffrouw. Ze ging de kamer uit. Toen ze terugkwam, stond Aart nog steeds op dezelfde plek.

Gaat U vanavond nog uit? vroeg de juffrouw.

Nee, zei Aart. Dat is niet mijn bedoeling.

U zult wel moe zijn van de reis, hè? zei de juffrouw. Gaat U maar vroeg naar bed.

Dat zal ik zeker doen, zei Aart. Wel te rusten.

Wel te rusten, meneer, zei de juffrouw. U zal best goed slapen.

Toen de juffrouw weg was, schoof Aart een van de leunstoelen, die aan weerskanten van de haard stonden, bij het raam. Hij ging zitten en keek naar buiten. Het werd al wat schemerig. Aart zag de schoorstenen van de huizen in het avondlicht staan. De juffrouw had een blaadje binnengebracht met een trekpot onder een theemuts, een kopje, een suikerpotje, een kannetje met melk en een glazen schoteltje met een paar speculaasjes. Aart schonk zichzelf in en al drinkende bleef hij naar buiten

110

kijken. Toen de trekpot leeg was zette Aart de theemuts op zijn hoofd. Hij leunde achterover in zijn stoel. Het was buiten bijna donker, maar hij kon de schoorstenen toch nog zien.

De volgende middag om drie uur stapte Aart de studentensociëteit binnen. Hij zag in de vestibule een man, die een soort uniform droeg met gouden nestels. Aart zei: Ik wilde me wel laten inschrijven. De man zei: Gaat U maar mee. Ik zal U naar de senaatskamer brengen.

Ze gingen een trap op en bleven boven voor een deur staan. De man klopte aan, ging naar binnen en deed de deur achter zich dicht. Even later kwam hij weer buiten en wenkte Aart. Aart ging naar binnen. Hij kwam in een tamelijk donkere kamer, waar hij een paar heren achter een lange tafel zag zitten. Aart begreep, dat dit de senaat van het corps was. Hij zei: Goedenmiddag.

Wat komt meneer hier doen? vroeg een van de senatoren.

Ik wilde me wel laten inschrijven, zei Aart.

Meneer wil zich wel laten inschrijven, zei dezelfde senator tegen zijn buurman.

Waarom ben je gisteren niet gekomen? vroeg de ander.

Gisteren? vroeg Aart.

Ja. Waarom ben je niet gisteren gekomen, zoals iedereen? vroeg de ander.

Omdat men mij had gezegd, dat het vandaag begon, zei Aart.

Wat begon? snauwde er een. Wat begon vandaag?

De groentijd toch? zei Aart.

Meneer spreekt van groentijd, zei de eerste senator. Meneer is wel zo goed om van groentijd te spreken.

Jij verdomde snotneus, zei de ander. Hoe haal je het in je stomme hoofd om het woord groentijd te gebruiken?

Men schijnt het algemeen zo te noemen, zei Aart.

Moet dat rund ingeschreven worden? vroeg een ander.

Ga naar die meneer bij het raam en vraag hem of hij je wil inschrijven, zei een van de anderen.

Aart ging naar de meneer bij het raam en vroeg hem of hij hem wilde inschrijven.

Ja, zei de meneer. Hij nam een vel papier en vroeg Aart naar zijn naam, wanneer en waar hij was geboren, waar hij woonde en wat hij ging studeren. Toen alles klaar was, zei een van de anderen: Laat die vent nou opdonderen en naar beneden gaan.

Hij heeft zijn goeie pak nog aan, zei een ander. En zijn hoofd is nog niet kaal.

Hij moet nog een patroon hebben, zei een ander. Bendes maar, zou ik zeggen. Ik heb Bendes zoeven beneden gezien.

Hij drukte op een bel en de man in het uniform kwam binnen. De senator zei: Vraag meneer Bendes of hij een ogenblik hier kan komen.

Aart bleef voor de tafel staan wachten. Hij keek naar buiten. Hij zag, waarom de kamer zo donker was. Hij had eerst gedacht, dat er groen glas in de

112

ramen zat, maar hij zag nu, dat het kwam door de bomen, die vlak voor de sociëteit stonden. De takken raakten bijna de ramen. Er kwam iemand binnen.

O Bendes, zei een van de anderen. Het spijt ons, dat we je even moeten lastig vallen. Zou je zo vriendelijk willen zijn om deze feut ook nog onder je hoede te nemen?

Jezis, zei Bendes, ik heb er al drie. Nou, toe dan maar weer. Is dit het jongetje. Dag jongetje: Ga jij maar met Bendes mee.

Heel graag, zei Aart.

Hij zegt heel graag, zei Bendes. Allemachtig geschikt van dat jongetje. Allemachtig geschikt van je jongetje, dat je met me mee wil gaan. Waar is je boekje, jongetje?

Welk boekje? vroeg Aart.

Nou mag je niet onaardig worden, jongetje, zei Bendes. En je begon nog wel zo goed. Waar is nou je boekje, jongetje?

Ik heb geen boekje, zei Aart.

Waar is je boekje, verdomde feut! schreeuwde Bendes.

Hier is je boekje, Duclos, zei een van de anderen. Geef het boekje aan meneer Bendes en zorg, dat je het niet kwijtraakt.

Aart nam het boekje en gaf het aan Bendes.

Wat is dat? vroeg Bendes.

Mijn boekje, meneer, zei Aart.

Welk boekje? vroeg Bendes.

Het boekje, waar U om heeft gevraagd, zei Aart.

113

Om welk boekje heb ik gevraagd, jongetje? vroeg Bendes.

Om het boekje, dat ik aan U moest geven, zei Aart.

Zeer juist, zei Bendes. Je staat me te belazeren, hè? Zeer juist. We zullen dat allemaal regelen. We zullen dat allemaal heel goed regelen. Zeg de heren nu maar gedag en ga met me mee.

Goedenmiddag, zei Aart tegen de anderen. De anderen keken hem aan, maar niemand zei iets. Aart draaide zich om en liep achter Bendes de deur uit.

Op de gang zei Bendes: Je gaat nu eerst naar de kapper en je laat je je kop kaal knippen. Dan ga je je pet kopen en je dasje en je frontje. De kapper zal je wel zeggen waar. En trek een oud pak aan. Ga maar naar huis en trek een oud pak aan. En blijf meteen maar thuis om te eten.

Hier is je boekje. Je komt vanavond om negen uur bij me.

Waar woont U? vroeg Aart.

Staat in 't boekje, zei Bendes. Hij liep weg zonder verder iets te zeggen.

Het was bij half zes, toen Aart weer op zijn kamer kwam. Hij ging voor de spiegel staan en nam zijn hoed af. Hij zag in de spiegel een nogal treurig oudemannetjesgezichtje. Hij haalde uit een papieren zak de zwarte pet, het frontje en het dasje. Hij zette de pet op. Hij hield het frontje en het dasje voor en keek weer in de spiegel. Hij smeet alles in een hoek van de kamer, schoof een stoel bij het raam en ging zitten.

Hij hoorde, dat er iemand de trap opkwam. Hij

114

zette vlug zijn hoed op. Er werd geklopt. Hij riep:
Binnen!

De juffrouw kwam binnen en vroeg: Kan ik al
dekken, meneer?

Dat is goed, zei Aart.

Gunst, meneer, U heeft helemaal geen thee gedronken, zei de juffrouw. Zal ik U nog een kopje inschenken?

O, heel graag, zei Aart.

Gaat U nou maar lekker zitten, zei de juffrouw.
Het zijn drukke dagen, hè. Waar die jongens zin
in hebben. U moet maar zien, dat U altijd zo vroeg
mogelijk in Uw bed komt. En over een paar weken
is alles voorbij.

Zo is het, zei Aart. Hij gooide zijn hoed op de divan. Hij streek met zijn hand over zijn kaalge-
knipte hoofd.

Pas maar op, dat U geen kou vat, zei de juffrouw.
Afijn, het is weer gauw genoeg aangegroeid.

Hoe lang zou het duren, denkt U? vroeg Aart.

O, meneer, zei de juffrouw, over een week of vijf,
zes kunt U het al weer aardig in fatsoen brengen.
Meneer Mommers, die het vorige jaar in de kamer
hiervoor heeft gewoond, die was nog kaler dan U.
Die had zijn hoofd helemaal laten scheren, weet
U? Ja, 't is zonde. Maar die kon na vier weken al
weer een scheiding trekken. Maar hij heeft er dik
vet in gesmeerd. U nog een kopje thee, meneer?

Alstublieft, zei Aart.

U moet vanavond zeker nog uit? zei de juffrouw.

Ja, zei Aart. Ik moet nog op bezoek. Bij mijn patroon.

En wie is dat meneer, als ik vragen mag? vroeg de juffrouw.

Bendes, zei Aart.

Nee, zei de juffrouw, die ken ik niet. Hieronder voor woont meneer Tisolf. Die was het vorig jaar nog patroon, maar hij zit nu voor zijn examen. Een heel rustige meneer, meneer Tisolf. Maar je hebt er ook donderhonden bij. Vorig jaar nog een vriend van meneer Tisolf. Die wou 's nachts om half twee meneer Mommers uit zijn bed halen. Die stond maar te schreeuwen: Laat dat luie zwijn zijn nest uitkomen. Laat dat luie zwijn jenever halen. Ja, 't is zonde. Maar meneer Tisolf wou het niet hebben. Meneer Tisolf zei: Geen gedonder in mijn eigen huis. Ja, meneer Tisolf is een keurige man, maar hij zit nu voor zijn examen. Zal ik de tafel maar dekken, meneer?

Dat is goed, zei Aart.

Na het eten ging Aart weer bij het raam zitten. Hij keek op de klok. Het was zeven uur. De zon moest al onder zijn, maar het was nog licht boven de daken. Aart keek naar de daken. Hij zag, dat ze toch allemaal verschillend waren. En de schoorstenen waren ook verschillend. Zelfs als ze dezelfde vorm hadden, waren ze toch verschillend.

Om acht uur klopte de juffrouw. Ze vroeg: Had U nog thee willen hebben meneer, voor U weggaat?

Ja, alstublieft, zei Aart.

De juffrouw bracht de thee binnen. Ze vroeg: Zal ik maar geen licht maken?

Nee, laat U maar, zei Aart.

116

Gezellig hè, zo'n beetje schemeren, zei de juffrouw.

Ja, zei Aart.

De juffrouw schonk een kopje thee in en ging weer
naar beneden.

Aart zag, dat de daken onder de donker wordende
hemel begonnen te vervloeien. Hij stond op en
deed het licht aan. Hij schoof de gordijnen dicht.
Hij raapte de pet, het frontje en het dasje uit de
hoek op, haalde een oud pak uit de kast en begon
zich te verkleden. Hij zette de pet op zijn hoofd,
trok een regenjas aan en ging naar buiten. Hij keek
op zijn horloge, toen hij bij het huis van Bendes
kwam. Het was kwart voor negen. Hij liep nog een
blok om en belde daarna aan. Meneer Bendes was
thuis en of hij de weg wist. Eén trap op en dan de
voorste kamer. Aart klopte aan.

Ja! hoorde hij roepen.

Aart ging naar binnen. Hij zag Bendes in een stoel
bij een kachel zitten en er zat een jongen met een
kaal hoofd naast hem op de grond.

Zo, zei Bendes, ben jij daar ook. Leg je jas op de
divan en ga hier voor me zitten op de grond. Neem
een kussen van de divan. Het is niet nodig, dat jullie een blikken kont krijgen. Wil je een borrel,
Duclos?

Nee, dank U wel, zei Aart.

Je had er toch geen gekregen, zei Bendes. Bah, wat
beginnen me die vraag- en antwoordspelletjes te
vervelen. Moet jij vanavond nog ergens heen?
vroeg hij aan de andere jongen.

Ja, meneer, zei de andere jongen.

117

Laat me je boekje eens zien, zei Bendes. De jongen gaf hem zijn boekje.

Je hebt nog een bezoek om half tien, zei Bendes. Bij wie? Ik kan die naam niet lezen.

Ik ook niet, zei de jongen. Maar het adres wel.

De een of andere obscuurling, zei Bendes. Nou donder maar op. Duclos, je moet een groenenversje maken van twee regels en daar moeten in voorkomen je naam, waar je vandaan komt en wat je studeert. Als ze je vragen, wie je bent of als ze alleen maar vragen: Hoeveel? dan moet je dat versje opzeggen. Ken je vieze woorden?

Jawel, zei Aart.

Als ze proberen je vieze woorden te laten zeggen, moet je dat niet doen, begrijp je, zei Bendes.

Jawel, zei Aart.

Moet je vanavond nog ergens heen? Nee, natuurlijk niet. Je bent vandaag pas aangekomen. Ga dan maar naar de sociëteit. Je zou natuurlijk rustig uit kunnen knijpen, maar dat is niet eerlijk tegenover de anderen. Die zitten er tenslotte al een dag langer aan vast. Nou, donder maar op.

Ja, zei Aart. Ik wilde nog iets zeggen.

Nou? zei Bendes.

Het was vanmiddag niet mijn bedoeling U te belazeren, zei Aart.

Wat? vroeg Bendes. O, dat. Nee, natuurlijk was het je bedoeling niet om me te belazeren. Nou saluut, ik zie je van tijd tot tijd nog wel.

Dag meneer, zei Aart.

Hij ging naar buiten en liep de straten door, tot hij bij de sociëteit was gekomen. Hij zag, dat er overal

118

licht brandde in de sociëteit. Hij ging naar binnen.
Hij hing zijn jas weg in de garderobe. Hij stopte
zijn pet in zijn zak. Hij ging de grote zaal binnen.
De zaal was stampvol en blauw van de rook. Aart
had nog geen drie stappen gedaan, toen hij naast
zich hoorde schreeuwen: Kom hier, feut! Ga daar
zitten!
Aart ging zitten. Hij keek om zich heen. Hij zag
alleen maar benen en tafel- en stoelpoten. Het was
er tamelijk donker. Hij voelde zich niet eens zo
slecht op zijn gemak.

De volgende ochtend was Aart om tien uur in het
gebouw, waar de repetities voor het groenentoneel
werden gehouden. De groenen stonden allemaal bij
elkaar. Aart zag, dat ze elk een vel papier voor
zich hielden.
Wat hebben jullie daar? vroeg Aart.
De tekst, zei er een.
Ik ben hier pas, zei Aart.
Ga er maar een vragen aan meneer van Went, zei
de ander.
Wie is meneer van Went? vroeg Aart.
Die daar, zei de ander en hij wees op iemand, die
met een grote stok bij een piano stond.
Aart ging naar hem toe en vroeg: Zou ik een tekst
mogen hebben? Ik ben hier pas.
Wel verdomme, zei meneer van Went. Wat is dat
goddome voor manier om zo laat te komen. Kun
je zingen?
Jawel, zei Aart.

Ga dan op het podium staan en zing, zei meneer van Went.
Aart ging op het podium staan en keek om zich heen.
Zing, verdomme! schreeuwde meneer van Went en hij sloeg met zijn stok vlak voor Aart's voeten op het podium.
Aart zong:

> Mon bon Guillaume as-tu bien déjeuné?
> Mais oui, Madame, j'ai mangé du pâté.
> Du pâté d'alouette,
> Guillaume et Guillaumette,
> Un, deux, trois
> et Guillaume restera.

Het lijkt wel een hoer met sief in d'r keel! schreeuwde meneer van Went. Vooruit! Ga bij de anderen staan!
Hij gaf Aart een papier en Aart ging bij de anderen staan.
Koren repeteren! schreeuwde meneer van Went.
Er begon iemand op de piano te spelen en de groenen begonnen te zingen. Aart zag, dat een paar groenen om de dubbelzinnige tekst lachten.
Niet lachen! schreeuwde meneer van Went. Verdomde rotfeuten, trek je smoel af!
De groenen zongen door, telkens weer opnieuw.
Meneer van Went sloeg de maat met zijn stok op het deksel van de piano, schreeuwde en schold en liet eindeloos herhalen.
Na afloop kwam een ouderejaars naar Aart toe en
120

vroeg hem om zijn boekje. Hij schreef er iets in en gaf het terug. Aart zag, dat hij die avond om tien uur op bezoek moest.

Er waren drie ouderejaars in de kamer en Aart zat met vier andere groenen op de vloer.

Wat is het stil in de voorkamer, zei een van de ouderen. Ligt Budde al voor lijk?

Hij is nog niet thuis geweest, zei een ander.

Zes maanden, zei de ene. Hij heeft zes maanden gehad. Hij zal wel in een stronthumeur zijn. Budde heeft toch al zo'n woeste dronk over zich.

Ik geloof waarachtig, dat ik hem op de trap hoor, zei er een.

Ze luisterden. Ergens beneden in het huis klonk gerinkel.

Verdomd, het is Budde, zei iemand. Hij trapt de flessen om.

Godverdomme, toch geen volle, zei een ander.

Nee, lege, zei de eerste. Moet je toch horen. Hij trapt wel voor een rijksdaalder statiegeld in mekaar.

Nou feuten, zei iemand, jullie zullen vanavond je lol op kunnen.

Zullen we de deur niet liever op slot doen? vroeg een van de anderen. Budde kan zo rauw zijn.

Moeten ze maar aan wennen, zei de eerste. Budde zou trouwens de deur intrappen.

Misschien gaat hij wel meteen naar zijn nest, zei een ander.

Ze luisterden weer. Ze hoorden een doffe bons.

121

Hij komt hierheen, jongens, zei iemand. Hij is tegen de deur van het secreet opgelazerd.

Hij moet zeker kotsen, zei een ander.

Budde kotst nooit, zei de eerste. Daar is ie.

De deur vloog open, maar er kwam niemand binnen. Aart stond op en boog zich naar voren om langs de open deur te kijken. Hij zag voor de drempel een figuur staan, die licht heen en weer zwaaide.

Hei, Budde! riep iemand. Kom toch binnen, kerel?

Grrr, zei Budde.

Hij is zo zat als een pioen, zei iemand.

Budde deed een paar stappen naar voren. Hij zei: Ja. Ja. Zo is het. Grrr.

Ben je zat, Budde? vroeg iemand.

Ja, zei Budde, ja, zo is het. Hij keek om zich heen. Hij zei: Feuten.

Er zijn hier een paar feuten op bezoek, Budde, zei iemand. Hinderen ze je?

Jíj hindert me! schreeuwde Budde. Jij hindert me met je bleekscheterige gelul.

Grrr. Ja, zo is het.

Hé, feuten! riep een van de anderen. Zou je meneer niet eens feliciteren? Meneer heeft zes maanden gekregen.

Wel gefeliciteerd, meneer, zei een van de groenen.

Niet doen, zei Aart. Hij is gezakt. Zes maanden betekent, dat je voor je examen bent gezakt.

Sla die verdomde feut op zijn bek! schreeuwde een van de anderen.

Sla mij op mijn bek, zei Budde. Sla mij op mijn bek. Grrr. Ja, zo is het.

Hij stond vlak tegenover Aart. Hij vroeg: Wie ben jij?

Ik heet Duclos, zei Aart.

Heet jij de Kloot? vroeg Budde. De ouderejaars begonnen bulderend te lachen.

Houen jullie je smoelen! zei Budde. Ik kan hem niet verstaan. Hij keek Aart weer aan. Hij zei: Ik heb het niet goed verstaan. Heet jij de Kloot?

Duclos, zei Aart.

Duclos, zei Budde. Goed. Duclos. Duclos, ben ik dronken?

Ja, zo is het, zei Aart.

Budde knikte. Zo is het, zei hij. Jaja, zo is het. Wat doe jij hier bij die bleekscheten, Duclos?

Ik ben hier op bezoek, zei Aart.

Op bezoek, zei Budde. Niet goed. Niet bij bleekscheten op bezoek. We gaan. We gaan weg. We gaan toch weg? Hij keek Aart aan.

Ja, zo is het, zei Aart.

Zo is het, zei Budde. Kom. Hij draaide zich om en ging de deur weer uit. Aart liep achter hem aan.

Feut! Hier blijven! schreeuwde een van de ouderen.

Smoel houen, zei Budde in de gang. Duclos, kom.

Aart voelde, dat iemand hem bij zijn jas pakte. Hij rukte zich los en gaf de ander een harde duw. Hij sprong de gang in, sloeg de deur achter zich dicht en draaide de sleutel, die hij onder de kruk voelde, om. Daarna stommelde hij achter Budde de trap af. Beneden in de gang hoorden ze nog het bonsen op de deur.

Wat is dat? vroeg Budde.

Ze slaan op de deur, zei Aart.

Verkeerd, zei Budde. Zal ze op hun donder geven.

Hij wilde de trap weer opklimmen.

Het is niet nodig, zei Aart. Ik heb ze opgesloten.

Sleutel om? vroeg Budde.

Ja, zei Aart. Sleutel om.

Heel goed, zei Budde. Heel verstandig. Heel rustig. Kom.

Waar gaan we heen? vroeg Aart, toen ze op straat stonden.

Vergulde Kruik, zei Budde. Heel rustig, Vergulde Kruik.

Ik ga eerst mijn hoed halen, zei Aart.

Goed, zei Budde. Waar?

Heerenstraat, zei Aart.

Goed, zei Budde. Heerenstraat hoed halen. Vergulde Kruik. Rustig maar.

Ze liepen door de lege straten tot ze bij Aart's kamer waren gekomen.

Budde ging op de stoep zitten. Hij zei: Haal je hoed maar.

Aart holde de trappen op. Op zijn kamer deed hij zijn frontje af en een andere das om. Hij haalde geld uit de kast en stak het in zijn binnenzak. Toen hij weer beneden kwam, zat Budde nog op de stoep. Budde sliep. Aart ging naast hem zitten en wachtte.

Eindelijk werd Budde wakker. Hij ging rechtop zitten en keek om zich heen. Hij keek Aart aan. Hij zei: Ik heb geslapen.

Ja, zei Aart.

Lang? vroeg Budde.

Een goed half uur, zei Aart.

Zo, zei Budde. Nou, dan moesten we maar gaan. Je bent toch Duclos, niet?

Ja, zei Aart.

We zullen maar wat aanstappen, zei Budde. Ik heb het koud gekregen op die stoep. Jij ook, zeker?

Gaat nogal, zei Aart.

Na een minuut of tien stonden ze voor een café. Budde deed de deur open en ging naar binnen. Aart kwam achter hem aan. Hij hield zijn hoed op. In het café zaten drie mannen aan de houten tap-kist.

Zo, zei Budde, daar zijn we weer.

Avond, meneer Budde, zei de man achter de kist.

Zullen we maar aan de kist gaan zitten? vroeg Budde.

Dat is best, zei Aart.

Ze klommen allebei op een kruk.

Mij een glaasje bier, Witkamp, zei Budde. En zet er maar vast een klare naast, want ik heb het koud. Wat zul jij drinken, Duclos?

Een klare, zei Aart.

Witkamp zette glazen voor hen neer, schonk ze in en ging weer bij de drie mannen staan. Hij zei: Nou, ik zeg, dat is geen doen, daar hoef je bij mij niet mee aan te komen, dan donder je maar op. Zulke klanten kan ik missen, zeg ik. Word ik daar wijzer van? Ja, zo is het toch zeker?

Hebben ze weer besjoemeld, Witkamp? vroeg Budde.

Ach meneer Budde, zei Witkamp, moet U horen. Komt vanavond een klant binnen, bestelt een uitsmijter en een kop koffie. Uitsmijter ros, zegt ie. Goed. Ik geef de bestelling door. Ik breng hem zijn koffie. Ik breng hem zijn uitsmijter. Hij vreet alles op, tot de augurk toe. Hij zegt: Wat moet ik betalen? Ik zeg: Ene gulden vijf. Hij zegt: Doe niet zo lullig met je vijf cent. Ik zeg: Meneer, de prijs was ene gulden en vijf cent en of U maar wil betalen. Hij zegt: Nou en ik vind één gulden meer als mooi voor een lullig kopje koffie en een stukje vlees en een paar gebakken eieren. Ik zeg: Meneer, weest U zo goed en betaal het bedrag, dat ik zoeven heb genoemd. Hij zegt: Je kan een gulden krijgen en meer niet.

En heb je die vijf cent ook nog gekregen? vroeg Budde.

Ja, wat dacht U? zei Witkamp. Hij zegt: De kostprijs is hooguit vijfendertig cent.

Breng mij nog een glaasje bier en meneer nog een klare, zei Budde. Willen de andere heren ook iets drinken? Wil je zelf niet wat drinken, Witkamp?

Bedankt, meneer, zei Witkamp. Ik zal een glaasje bier gebruiken.

De anderen bestelden ook en Witkamp vulde de glazen. Hij zei: Hij zegt de kostprijs is hooguit vijfendertig cent. Ik zeg: Man, lul jij nou niet over kostprijzen en waar moet ik mijn inrichting van betalen? En mijn lasten?

Proost, Duclos, zei Budde. Laat het je smaken.

En mijn bestek? zei Witkamp. Ik lever toch zeker ook mijn bestek?

We gaan eens verder op, zei Budde. Kun je een taxi bellen, Witkamp?

Jazeker, meneer, zei Witkamp. Al waren het er zes.

Hij liep naar achteren.

Ontzettende ouwehoer, zei Budde tegen Aart.

Ja, zei Aart.

Witkamp kwam terug. Hij zei: Met een minuut of tien, meneer Budde.

Mooi, zei Budde. Dan drinken we nog een klare. Nog twee klare, Witkamp.

Meneer, ze staan er al, zei Witkamp. Gaan de heren nog verder op?

We gaan nog even kijken in de Volle, zei Budde.

Wat is de Volle? vroeg Aart.

Een nachtkroeg, zei Budde. Het heet de Follies, maar ze noemen het altijd de Volle. Zeg Witkamp, daar hoor jij verstand van te hebben. Wordt iemand nooit tweemaal op een avond dronken?

Hoezo, meneer? vroeg Witkamp.

Ik ben vanavond volslagen zat met deze meneer meegewandeld, zei Budde. Ik ben op de stoep van zijn huis gaan zitten en ik heb daar een half uur geslapen. Het was toch een half uur, Duclos?

Eigenlijk bijna een uur, zei Aart.

Goed, zei Budde. In ieder geval was ik weer helemaal fris. En ik heb het gevoel, dat ik het blijf.

Daar is de taxi, zei Witkamp.

Gauw nog twee klare, zei Budde.

Ze dronken ze staande leeg, Budde betaalde en ze gingen weg.

Laat mij in het volgende café betalen, zei Aart, toen ze in de taxi zaten.

Dat zou je duur uitkomen, zei Budde. De borrel

127

kost in de Kruik zeventien cent en in de Volle veertig.

Toch maar, zei Aart.

We zien wel, zei Budde. Hoe oud ben jij eigenlijk, Duclos?

Negentien, zei Aart.

Wat ga je studeren? vroeg Budde.

Rechten, zei Aart.

Waarom? vroeg Budde. Het is niet mijn bedoeling om je te feuten, hoor. Ik vind je eerlijk een geschikte vent en je had meer lef dan al die kerels daar op die kamer bij elkaar. Dat kon zelfs ik met mijn dronken kop nog wel zien.

Ze vonden thuis, dat ik moest studeren, zei Aart. Ik ga later naar de boerderij.

Zo, zei Budde. Nou, vooruit dan maar. Je kunt er tenslotte altijd weer mee ophouden.

Ja, zei Aart.

We zijn er, zei Budde. Betaal jij de taxi dan maar. Er gaat tenslotte niets zo vervelen als betalen.

Aart betaalde en ze gingen naar binnen.

Hou je je hoed op? vroeg Budde. Het kan mij anders niet verdommen, hoor.

Mij wel, zei Aart. Ik vind het een rot gezicht, zo'n kaal hoofd.

Daar heb je gelijk in, zei Budde.

Ze kwamen in een klein danszaaltje, dat bijna leeg was.

Kunnen we er nog wel bij, Frits? vroeg Budde aan de kellner.

Dat zal wel gaan, meneer Budde, zei de kellner.

Twee bier, zei Budde.

128

Ze kennen jou hier ook overal, zei Aart.

Ik mag niet klagen, zei Budde. Zes jaar loop ik hier al rond. Zes jaar en nou weer zes maanden. Eigenlijk een geschikt ogenblik, om er maar meteen helemaal mee te nokken. Wat is het hier anders stil. Wat is het hier verdomde stil. Frits! Frits!

Meneer Budde! riep de kellner. Hij kwam bij het tafeltje staan.

Waarom is het hier vanavond zo stil, Frits? vroeg Budde.

Het is nog vroeg, meneer Budde, zei Frits. Het is nog geen één uur. Ik geloof trouwens, dat er al wat leven in de brouwerij komt. Hoort U maar.

Ze luisterden. Er was inderdaad een verward gedruis van stemmen te horen. Het werd sterker en even later kwam een troepje van een man of zes het zaaltje binnen.

Ha, jongens! riep Budde.

Budde! schreeuwden er een paar. Ha, die Budde! Ik dacht, dat je was afgeknapt, Budde!

Ze omringden het tafeltje. Een van hen vroeg: Wie heb je daar bij je, Budde?

Een verdomd geschikte vent, zei Budde.

Waarom heeft hij zijn hoed op? vroeg een ander. Hé, geschikte vent, waarom heb jij je hoed op? Hij wilde de hoed van Aart's hoofd trekken.

Blijf er af! zei Aart.

Zoet maar, zoet maar, zei de ander. Wij zijn ook geschikte kerels. Wij vechten nooit, hè Budde?

Muziek! schreeuwde een ander. Bier! Frits! Frits! Het bier in de hoek daar, Frits! We moeten het slagveld straks goed kunnen overzien.

Er kwam een nieuwe troep binnen, ditmaal wel van een man of tien. Ze werden met gejuich ontvangen.

Brinkman! schreeuwde er een. Daar heb je Brinkman! Brinkman is geslaagd! Jonge, Brinkman, wat ben jij ontzettend dronken!

Aart was blijven zitten aan het tafeltje bij de deur. Hij dronk zijn bier uit. Hij zag, dat de anderen allemaal bij elkaar in de hoek stonden en zaten te schreeuwen. De muziek speelde. Het was er een geweldig kabaal. Aart riep de kellner en bestelde nog een glas bier.

Gaat U niet bij de andere heren zitten, meneer? vroeg de kellner, toen hij het bier bracht.

Nee, zei Aart.

Wel zo rustig, is het niet, meneer? zei de kellner.

Zo is het, zei Aart.

Budde kwam naar zijn kant over. Hij riep: Blijf je daar zitten, Duclos?

Ja, zei Aart.

Goed zo, zei Budde. Ik begin anders al weer dronken te worden.

Ik ook, zei Aart. Maar ik hou het wel.

We houen het wel, zei Budde. Waarachtig, we houen het wel. Zo is het.

Zo is het, zei Aart. Ja waarachtig, zo is het.

Ga jij naar de boerderij, Duclos? vroeg Budde.

Ja, zei Aart.

Tegen drie uur was iedereen dronken. Aart zat nog steeds op dezelfde plaats. De anderen kwamen van tijd tot tijd bij hem om een buiging voor hem te

130

maken of om hem een hand te geven. Aart boog terug en schudde de hand.

Hoe heet je? vroeg er een.

Duclos, zei Aart. Du Du Duclos.

Dududuclos, zei de ander. Ik zal proberen het te onthouden. Ik beloof niets, maar ik zal proberen het te onthouden.

Duclos! riep Budde. Ben je daar nog?

Ja! riep Aart.

Ben je nog niet naar de boerderij, Duclos? riep Budde.

Nog niet! riep Aart.

Ga je nog? riep Budde.

Ja, zei Aart.

In de hoek begonnen ze te zingen. Aart kon de woorden verstaan.

> 't Was drie uur
> 't Was drie uur
> 't Was drie uur in de nacht
> Toen Mina
> Toen Mina
> Naar huis toe werd gebracht
> En de bomen
> En de bomen
> En de bomen van het bos
> En d'r hele
> En d'r hele
> En d'r hele broek was los
> O, Mina
> Ik hou zoveel van waterchocola
> Mina

Ik hou zoveel van waterchocola
Mina
Ik hou zoveel van waterchocola
Tatara tata tarata tata tata tata.

Aart stond op. Hij zei: Zo is het. Hij betaalde. Hij drukte zijn hoed vaster op zijn hoofd. Hij liep naar de uitgang. Hij zei: Taxi! tegen de portier. Hij stapte in de taxi. Hij gaf de chauffeur vijf en twintig gulden. Hij zei: Rijden. De chauffeur vroeg waarheen. Aart zei: Rechtuit! en even later: linksaf! en later weer: linksaf! tot ze op de grote verkeersweg buiten de stad waren gekomen.
Moeten we ver, meneer? vroeg de chauffeur.
Ongeveer zeventig kilometer, zei Aart.
Dan komt U er niet met vijfentwintig gulden, meneer, zei de chauffeur.
Hoeveel? vroeg Aart.
Dat zal tegen de vijfenveertig lopen, meneer, zei de chauffeur.
Aart gaf hem nog vijfentwintig gulden. Hij zei: Ik zal wel waarschuwen als we er zijn.
Hij doezelde weg. Toen hij weer wakker werd, keek hij naar buiten. Ze reden even later langs een wegwijzer en Aart zag, dat ze nog twintig kilometer te rijden hadden.
Eindelijk waren ze in het bos. Na een kilometer of vijf zei Aart: Stop.
De chauffeur stopte.
Hier stap ik uit, zei Aart.
Moet U dan hier zijn? vroeg de chauffeur.
Ja, zei Aart. Hier woon ik. Hoe laat is het?

132

Kwart voor vijf, zei de chauffeur.
Mooi, zei Aart. Goedenavond.
Hij sloeg het portier achter zich dicht. Hij liep van
de weg af het bos in. Hij moest even zoeken, voor
hij het pad had gevonden. Toen liep hij vlugger
door. Hij zag in het donker de stammen van de
bomen, die langs het pad stonden. Hij liep maar
door. Het werd lichter en hij liep maar door en
toen het steeds lichter werd, zag hij, dat de bomen
met hem mee liepen. Hij liep vlugger, de bomen
liepen mee. Het werd helemaal licht, de bomen
bleven naast hem. Hij zag, dat het bos in de verte
ophield. Hij zag het omgeploegde roggeveld van
Albert. Ineens bleef hij stilstaan. De bomen stonden om hem heen. Aart zei: Zo is het. Hij riep: Zo
is het! Hij schreeuwde: Zo is het! Jullie allemaal!
Zo is het!
De bomen bewogen zachtjes.
Zo is het, hè? vroeg Aart.
De bomen mompelden.
Aart liep door. Hij kwam bij het roggeveld. Hij
zag Albert aan de kant staan.
Hé, meneer, zei Albert.
Ja, zei Aart. Ik ben terug. Ik heb het laatste stuk
door het bos gelopen.
Ik dacht, dat ik net in het bos hoorde roepen, zei
Albert.
Dat was ik, zei Aart.
Hij keek om. Hij zag de bomen achter zich staan.
Hij zei nog eens: Dat was ik.

COLOFON

De bomen van A. Alberts werd in opdracht van Uitgeverij G.A. van Oorschot, gezet uit de Bembo, gedrukt door Offsetdrukkerij Peco b.v. te Amsterdam op papier van Bührmann-Ubbens te Zutphen en gebonden door Boekbinderij Delcour te Hilversum. Het omslagontwerp werd vervaardigd door Gerrit Noordzij.